Tadesse Kebede Mamo

Tendência e prática das despesas públicas com o ambiente na Etiópia

Tadesse Kebede Mamo

Tendência e prática das despesas públicas com o ambiente na Etiópia

ScienciaScripts

Imprint

Cover image: www.ingimage.com

This book is a translation from the original published under ISBN 978-3-659-89709-2.

Publisher:
Sciencia Scripts
is a trademark of
Dodo Books Indian Ocean Ltd. and OmniScriptum S.R.L publishing group

120 High Road, East Finchley, London, N2 9ED, United Kingdom
Str. Armeneasca 28/1, office 1, Chisinau MD-2012, Republic of Moldova, Europe
Managing Directors: Ieva Konstantinova, Victoria Ursu
info@omniscriptum.com

Printed at: see last page
ISBN: 978-620-8-61710-3

Índice

AGRONOMIA E ABREVIATURAS

BPEE	Bureau Public Environmental Expenditure
CSE	Conservation Strategy of Ethiopia
EFY	Ethiopian Fiscal Year
EFAP	Ethiopian Forestry Action Program
EIA	Environmental Impact Assessment
EKC	Environmental Kuznets Curve
EPA	Environmental Protection Authority
EPC	Environmental Protection Council
EPE	Environmental Policy of Ethiopia
FFE	Forum for Environment
FGD	Focus Group Discussion
GBS	General Budget Support
GDP	Growth Domestic Product
GTP	Growth and Transformation Plan
KII Key	Informant Interview
MOFED	Ministry of Finance and Economic Development
NNI	Net National Income
ODI	Oversees Development Institute),
OCED	Organization for Economic Co=operation and Development
ODA	Office Development Assistant
PEE	Public Environmental Expenditure
PEER	Public Environmental Expenditure Review
UN	United Nations
WB	World Bank
WPEE	Woreda Public Environmental Expenditure

RESUMO

Um dos pilares da ecologização da economia é o aumento da despesa pública em actividades associadas ao desenvolvimento sustentável. Embora a proteção ambiental não seja a única preocupação de uma economia "verde", esta só pode fazer sentido se houver uma melhoria dos esforços do sector público associados à proteção ambiental. É inquestionável que o financiamento público continua a ser crucial para a resolução dos problemas ambientais e, de um modo mais geral, para a promoção de um modelo de desenvolvimento mais ecológico na Etiópia. O principal objetivo do estudo foi compreender as tendências da despesa pública no domínio do ambiente e obter informações críticas para racionalizar e reforçar futuros investimentos em programas, projectos e actividades ambientais. As despesas públicas em ambiente abrangidas por este relatório são as relacionadas com a prevenção, o controlo, a redução ou a eliminação da poluição ambiental pelo governo geral; tanto o governo federal como o governo estadual. As técnicas utilizadas para a recolha de dados primários são a entrevista com informadores-chave e a discussão em grupo de foco.

Tal como indicado por muitos autores, as despesas públicas com a proteção do ambiente constituem frequentemente uma pequena fração do orçamento total do Estado em muitos países em desenvolvimento. Assim, esta tese analisa as despesas da Etiópia com a proteção do ambiente, incluindo os níveis federal e estatal, no período 2002/03-2012/13. A parte descritiva da análise mostrou que, em termos agregados, as despesas públicas ambientais aumentaram de cerca de 1136,47 milhões de ETB em 2002/03 para cerca de 15.230,54 milhões de ETB em 2012/13. Os resultados da análise de dados de séries temporais confirmaram estudos anteriores que sugeriram uma tendência crescente das despesas públicas ambientais em valor absoluto, enquanto em termos percentuais é altamente flutuante nas despesas ambientais, tanto a nível federal como a nível estadual. O sector ambiental no país tem sido muito eficaz na captação de financiamento público interno, especialmente após a Convenção do Rio em 1992. Finalmente, através do modelo de efeito fixo, a elasticidade da despesa em relação à renda (PIB) é de 0,6 e é significativa para explicar a inclinação descendente da curva de Kuznets ambiental. As conclusões do estudo podem desempenhar um papel importante no fornecimento de informações aos governos, investigadores e outras partes interessadas sobre o estado das despesas e iniciativas relacionadas com o ambiente e os recursos naturais empreendidas num país.

PALAVRAS-CHAVE: Economia verde, despesas públicas no domínio do ambiente, modelo de efeito fixo.

CAPÍTULO 1

1. INTRODUÇÃO

1.2. ANTECEDENTES

Uma análise das relações entre o ambiente, o apoio orçamental e outros instrumentos de ajuda sugeriu que, na presença de factores políticos internos favoráveis e de agências externas, os decisores políticos podem exercer uma influência significativa na escolha e na sequência das políticas públicas. Não existe uma boa compreensão das interações entre os processos orçamentais nacionais, as disposições de apoio orçamental e as acções ambientais nacionais (ODI, 2006). O orçamento é o espelho financeiro da política governamental. A maioria dos economistas defende que, para que o orçamento seja um instrumento eficaz para atingir os objectivos da política governamental, deve ser abrangente (OCDE, 1996). O apoio orçamental geral (AOG) é visto como a modalidade de ajuda que está mais intrinsecamente alinhada com as políticas e sistemas nacionais. A sua utilização crescente promete abordar o problema do financiamento dos objectivos ambientais de uma forma mais criativa do que no passado. Por exemplo, o quadro de controlo habitualmente utilizado para o apoio orçamental geral proporciona um mecanismo de diálogo estratégico entre o governo e os parceiros de desenvolvimento. A avaliação conjunta dos doadores sobre o apoio orçamental geral concluiu que as considerações ambientais tinham recebido pouca atenção. Voltou a sublinhar os desafios da integração das prioridades ambientais nos processos de planeamento nacional e destacou o défice de financiamento (OCDE, 2006). Na maioria dos países, as decisões orçamentais centram-se nos programas de despesas diretas e nos compromissos legais explícitos plurianuais, como o serviço da dívida. Normalmente, é prestada menos atenção aos passivos implícitos ou contingentes. Na sequência de crises financeiras, este facto torna os problemas futuros piores do que seriam se as realidades fossem encaradas de forma mais aberta (OCDE, 1997). Uma orçamentação e uma formulação de políticas sólidas exigem uma abordagem mais ampla e corajosa, que abranja de forma mais eficaz e direta os riscos orçamentais enfrentados pelos governos a curto e a longo prazo. Por exemplo, as obrigações decorrentes de programas de despesas ambientais e de medidas políticas, actuais ou novas, devem ser avaliadas de forma realista, independentemente da sua natureza - implícita ou explícita, direta ou contingente.

A realização dos objectivos da gestão das despesas públicas assenta em vários pilares, nomeadamente, a transparência, a responsabilidade, a exaustividade orçamental, a participação, a coerência, a equidade, a adicionalidade e a não-intromissão (Schiavo-Campo e Tommasi, 1999; Banco Mundial, 1999; OCDE, 1999b). As três primeiras parecem ser as condições necessárias para uma boa gestão das despesas públicas. Para efeitos de responsabilização e controlo financeiro, os relatórios devem consolidar as operações financeiras do governo e as actividades financeiras de todas as entidades controladas pelo governo (OCDE, 1996a).

As despesas públicas no domínio do ambiente podem impedir o desenvolvimento sustentável. O desenvolvimento sustentável considera tanto o bem-estar do sistema humano como o do ecossistema. O bem-estar dos etíopes depende, em grande medida, do bem-estar do ambiente biofísico (ar, água, terra, flora e fauna). Este facto deve-se à dependência da maioria da população etíope da agricultura de subsistência, que, por sua vez, depende fortemente da terra, da água e dos recursos climáticos. Os recursos ambientais do país, como a terra, a água e a biodiversidade, são a base do desenvolvimento agrícola, industrial e económico global. Infelizmente, ao longo dos anos, os etíopes não conseguiram transformar estes recursos naturais em riqueza e não foram capazes de melhorar o seu nível de vida (NCSS, 1994a).

A importância das questões ambientais tem vindo a aumentar desde a década de 1970, especialmente após a Cimeira de Estocolmo, em 1972. Em consequência disso, foram criadas normas jurídicas e instituições dedicadas à proteção do ambiente "nos governos de todo o mundo". A Etiópia não é uma exceção neste sentido. Embora a importância da proteção do ambiente seja geralmente reconhecida, quando se trata de despesas públicas, o ambiente recebe frequentemente pouca prioridade.

1.3. DESCRIÇÃO DO PROBLEMA

As questões ambientais têm vindo a ganhar importância desde os anos 70, especialmente após a Cimeira de Estocolmo em 1972. Em consequência disso, foram criadas regras jurídicas e instituições dedicadas à proteção do ambiente nos governos de todo o mundo. A Etiópia não é uma exceção neste sentido. No entanto, em tempos de dificuldades financeiras, o ambiente é muitas vezes tratado como um sector menos exigente e mais vulnerável a cortes. O facto de o ambiente ser tratado desta forma pode ser explicado, pelo menos, de três formas. As prioridades e os objectivos ambientais não foram claramente definidos em muitos países (Reed, 1996:134).

Normalmente, a principal decisão de investimento público que os decisores políticos enfrentam é a de como afetar um conjunto de recursos públicos existentes em vários sectores, e não a de aumentar ou diminuir o orçamento público. Esta questão é tipicamente deliberada numa base anual ou no âmbito de uma estratégia a médio prazo num determinado país. A afetação orçamental é inerentemente um processo político, tanto nos países em desenvolvimento como nos países industrializados, e as decisões orçamentais reflectem normalmente uma série de considerações, para além do crescimento económico global ou da redução da pobreza. Há uma necessidade considerável de estudos sobre os tipos de investimentos públicos que mais contribuem para os objectivos de desenvolvimento, uma vez que esta informação pode ajudar a moldar aspectos do processo orçamental. As despesas ambientais do sector público nos países em transição têm-se apoiado em três grandes fontes institucionais internas de financiamento: administrações locais, transferências dos orçamentos da administração central e fundos ambientais (Peszko e Zylicz, 1998).

Não existe nenhum estudo relacionado com o orçamento atribuído ao sector do ambiente, bem como com as despesas reais na Etiópia. Tendo em conta estes aspectos, a tese tenta fornecer informações sobre o montante dos fundos afectados à proteção do ambiente.

1.4. OBJECTIVO DO ESTUDO

O objetivo geral do estudo é analisar as tendências das despesas públicas no domínio do ambiente e documentar a experiência de implementação das prioridades políticas. Especificamente, o estudo visa

- Estabelecer a magnitude das despesas dos governos federal e regional em sectores ambientais
- Analisar as experiências e tendências da despesa pública nos sectores ambientais
- Testar a hipótese da curva de Kuznets ambiental
- Proceder a uma análise aprofundada da dotação orçamental e das despesas nos sectores-chave para o EFY 2002/03 até 2012/13.
- Desenhar implicações políticas com base na informação crítica obtida para racionalizar e reforçar futuros investimentos em programas, projectos e actividades ambientais.

1.5. QUESTÕES DE INVESTIGAÇÃO

Existe o dilema de saber se há uma tendência para o aumento ou para a diminuição das despesas públicas com o ambiente, tanto nos países desenvolvidos como nos países em desenvolvimento. Isto pode dever-se principalmente à contração do financiamento do sector público. No entanto, como já referi no enunciado do problema desta tese, não existem provas empíricas sobre as despesas públicas com o ambiente na Etiópia.

Com base nestes argumentos, o investigador elaborou questões de investigação para este estudo. As principais questões de investigação desta tese são

- Qual poderá ser o montante adequado de despesas públicas no domínio do ambiente na Etiópia?
- Qual é a correlação entre as despesas ambientais e o PIB?
- Qual é a parte das despesas públicas ambientais (PEE) no PIB e no conjunto das despesas públicas?
- Qual é a evolução das despesas públicas no sector do ambiente a nível federal?
- Quais são as magnitudes do governo estadual e do governo federal na conservação ambiental?

1.6. HIPÓTESE DO ESTUDO

O estudo formulou uma hipótese sobre a relação entre as despesas públicas ambientais e o produto interno bruto (PIB) com base na "curva de Kuznets ambiental" (EKC) para as despesas de proteção ambiental. A hipótese EKC sugere que as economias numa fase inicial da transição económica tendem a deteriorar o seu ambiente. A partir de certa altura, porém, a qualidade ambiental aumenta. Parte desta mudança deve-se a transformações estruturais na economia (por exemplo, da indústria pesada para a indústria ligeira ou de combustíveis sujos para combustíveis limpos - ambos têm um efeito em termos de redução das despesas ambientais em comparação com a situação contrafactual em que estas transformações não ocorrem). Mas, na maior parte das explicações da EKC, considera-se que parte da curva descendente se deve também ao facto de a procura de qualidade ambiental crescer à medida que o rendimento per capita aumenta (Randall e Stoll, 1980).

Hipótese nula (HO): O PIB não é um fator determinante significativo das despesas públicas com a proteção do ambiente na Etiópia.

Hipótese alternativa (H1): O PIB é um fator determinante significativo das despesas públicas com a proteção do ambiente na Etiópia.

Com base nesta hipótese, o investigador pode investigar a relação entre as despesas ambientais e o rendimento na Etiópia. Mais especificamente, o investigador pode analisar a elasticidade da despesa em relação ao rendimento. É importante notar que a noção convencional de elasticidade da procura em função do rendimento se refere a bens privados, enquanto a noção relevante no contexto atual é a de um bem público racionado em termos de quantidade. Essencialmente, os bens públicos são exógenos às decisões das famílias e das empresas. Assim, a elasticidade do rendimento relevante é o que tem sido designado na literatura por "flexibilidade de preços do rendimento" (Randall e Stoll, 1980) ou "elasticidade do rendimento do preço virtual" (Hanemann, 1991), "elasticidade do rendimento da disponibilidade para pagar" (Flores e Carson, 1997), "elasticidade do rendimento do valor ambiental" e "elasticidade do rendimento da melhoria ambiental" (Kristrom e Riera, 1996).

A relação de base é apresentada no anexo C. O ponto principal de relevância é que a elasticidade da vontade de pagar em relação ao rendimento é igual ao rácio de a elasticidade convencional do rendimento. Por outras palavras,

$$Ew = \frac{Ey}{-ep}$$

Onde ε é a elasticidade e os subscritos denotam a vontade de pagar em relação a rendimento *(W),* quantidade em relação ao rendimento *(Y)* e quantidade em relação ao preço *(P)*.

Há várias opiniões sobre a dimensão esperada de εW. Garrod e Willis (1999) argumentam que as elasticidades-preço a curto prazo dos bens ambientais são inferiores a um e que as elasticidades-rendimento são positivas e frequentemente superiores a um. Esta última conclusão é coerente com a intuição de que o "ambiente" é um bem de luxo (ou seja, um bem normal com uma elasticidade do rendimento convencional superior à unidade). Assim, εW será significativamente maior do que um a curto prazo e, provavelmente, menor a longo prazo, à medida que a elasticidade dos preços aumenta. Flores e Carson (1997) mostram que a dimensão de εW não pode ser determinada a partir da dimensão de εY (como se depreende da equação acima) e não oferecem qualquer apoio empírico para valores pequenos ou grandes. Kristrom e Riera (1996) analisam os estudos de avaliação contingente das alterações ambientais e concluem que εW é inferior a um, ou seja, o "consumo" de bens ambientais representa uma proporção mais elevada do rendimento dos pobres do que dos ricos. Se estiverem corretos, então o "ambiente" é um bem normal mas não um bem de luxo, contradizendo a intuição habitual sobre a procura de qualidade ambiental.

O investigador procura oferecer mais algumas provas relevantes para este debate, estimando a "elasticidade do rendimento das despesas ambientais utilizando dados ambientais públicos da Etiópia". Tanto quanto sei, é a primeira vez que se utilizam dados sobre as despesas ambientais para este fim na Etiópia.

1.7. ÂMBITO E LIMITAÇÕES DO ESTUDO

O estudo abrangeu as despesas públicas nos sectores do ambiente e dos recursos naturais numa base anual para o período 2002/3-2012/13. Nestes períodos, o sector do ambiente e dos recursos naturais engloba as despesas efectuadas pelos ministérios, departamentos governamentais e outras agências e pela administração local em intervenções relacionadas com o ambiente, juntamente com todos os projectos do sector do ambiente apoiados por doadores.

A principal limitação a este estudo foi principalmente a acessibilidade dos dados. Em particular, os dados sobre o PIB e as despesas públicas ambientais não estavam disponíveis ou estavam agregados noutras categorias de despesas dos ministérios sectoriais.

1.8. SIGNIFICADO DO ESTUDO

O estudo fornecerá análises exaustivas sobre as dotações orçamentais, o controlo e a eficácia das despesas e das receitas e a análise das políticas relativas à contribuição do ambiente e dos recursos naturais para a realização dos objectivos de desenvolvimento nacional e sustentável, com especial atenção para a erradicação da pobreza e as alterações climáticas, bem como para os objectivos do Plano de Crescimento e Transformação (GTP) para 2014/15.

Os resultados do estudo serão utilizados para sensibilizar os decisores políticos e os planeadores a nível local e nacional para a conveniência de atribuir uma elevada prioridade à utilização sustentável dos recursos ambientais, através de estratégias de financiamento atempadas para fazer face à degradação dos solos, proteger as fontes de água e adaptar e mitigar as alterações climáticas. Além disso, este estudo será utilizado como referência para defender que o Ministério das Finanças e dos Assuntos Económicos melhore o investimento em serviços ambientais e reforce o acompanhamento das despesas ambientais através de uma votação orçamental específica para o ambiente, a fim de rastrear a atribuição de fundos e as despesas das autoridades da administração local em actividades ambientais.

Os resultados, conclusões e recomendações ajudarão os decisores políticos a identificar facilmente os impactos da despesa pública ambiental nos resultados ambientais. Além disso, espera-se que dê algumas pistas e convide outros investigadores a desenvolverem trabalhos mais abrangentes neste domínio.

1.9. ORGANIZAÇÃO DO RELATÓRIO DE TESE

O relatório desta tese é composto por cinco capítulos e começa, na primeira parte, por apresentar a prática da gestão da despesa pública ambiental e as suas tendências nos países em desenvolvimento e nos países desenvolvidos. A hipótese da curva de Kuznets ambiental descendente e o dilema sobre o estado da despesa pública ambiental apresentados nesta primeira parte da tese destacam, assim, as tendências e práticas da despesa pública ambiental tanto nos países em desenvolvimento como nos países desenvolvidos, ao mesmo tempo que proporcionam um contexto para a exploração de questões ambientais mais específicas nos capítulos seguintes .

O segundo capítulo analisou as políticas, os programas e as estratégias relacionadas com o ambiente a nível nacional, setorial e local, a fim de identificar os pontos fortes e fracos na abordagem das questões ambientais. A segunda parte também analisou trabalhos relacionados com as despesas públicas no domínio do ambiente.

O terceiro capítulo da tese diz respeito à parte metodológica da investigação. Contém métodos de recolha de dados, técnicas e métodos de análise da investigação, tanto descritivos como econométricos. Apresenta também os instrumentos de apresentação e análise dos dados.

O quarto capítulo examina as tendências das despesas públicas no domínio do ambiente na Etiópia. Foi estabelecida a dimensão da despesa pública ambiental dos governos estatal e federal. Nesta parte, o investigador identifica os mecanismos envolvidos na gestão pública do ambiente e as principais instituições governamentais envolvidas na proteção do ambiente através da análise de documentos, de debates em grupos de discussão e de entrevistas a informadores-chave.

O capítulo final desta tese concluiu sobre as tendências e práticas da despesa pública ambiental na Etiópia com base nas conclusões. Esta parte incluiu também algumas implicações políticas para os organismos envolvidos, com base nas conclusões da tese.

CAPÍTULO 2

2. REVISÃO DA LITERATURA

2.2. definição de conceitos

Definir o que se entende especificamente por despesas ambientais não é tarefa fácil, pois não significa apenas o que é gasto pelas agências dedicadas ao sector ambiental. Tal como se afirma em muitos textos, o ambiente é uma questão transversal que abrange muitas áreas diferentes do governo. Por conseguinte, o objetivo desta secção é apresentar algumas definições globais comuns de despesas ambientais e propor a extensão do âmbito das despesas ambientais na Etiópia. As despesas são definidas como "os valores dos montantes que os compradores pagam, ou concordam em pagar, aos vendedores em troca de bens e serviços que os vendedores lhes fornecem ou a outras unidades institucionais designadas pelos compradores (ONU, 1993b). A despesa pública refere-se à despesa do governo, ou seja, às despesas do governo. É efectuada pelos governos central, estadual e local de um país. De outra forma, a despesa pública pode ser definida como: "A despesa efectuada pelas autoridades públicas, como os governos central, estadual e local, para satisfazer as necessidades sociais colectivas do povo é conhecida como despesa pública (Macmillan Dictionary, 2003). É o conjunto de despesas do Estado para a exploração de bens e serviços públicos. Também pode ser definida como a aplicação de recursos públicos para financiar os serviços públicos ou para investir no desenvolvimento económico. A todos os níveis, as decisões do governo sobre quanto gastar, em que gastar e como financiar as suas despesas são de importância fulcral (ONU, 2010 b).

As Despesas Públicas Ambientais são despesas efectuadas por instituições públicas em actividades intencionais que visam diretamente a prevenção, redução e eliminação da poluição ou qualquer outra degradação do ambiente resultante da atividade humana, bem como actividades de gestão dos recursos naturais que não visam a exploração ou produção de recursos". Esta definição não inclui a exploração ou a produção de recursos, mas no seu relatório acrescenta que estes devem ser monitorizados e que devem ser tomadas medidas corretivas posteriormente, se necessário, utilizando o exemplo do encerramento correto da mina e da reabilitação após a exploração (WB, 2003). Isto pode ser bastante complexo, especialmente quando se trata de separar a diferença entre despesas integrais que também afectam o ambiente e actividades separadas. Muitas vezes, é necessário um quadro que defina as despesas ambientais de forma coerente e assegure a comparabilidade. Os tipos de despesas ambientais que são frequentemente incluídos na definição são Controlo da poluição do ar e da água, gestão de resíduos perigosos, redução das emissões de gases com efeito de estufa e de substâncias que empobrecem a camada de ozono, saneamento e gestão de resíduos sólidos, abastecimento de água,

Gestão de bacias hidrográficas, gestão de recursos hídricos. Controlo da degradação dos solos Controlo da desflorestação Proteção da biodiversidade e das paisagens (Aongola, et al. 2007).

Foram utilizados quatro factores para definir os limites das despesas ambientais no Ruanda: a definição jurídica nacional de ambiente; a classificação das funções do governo ; os mandatos institucionais e as práticas de outros países. Até que todas as despesas de desenvolvimento façam parte dos relatórios orçamentais, será difícil captar a verdadeira dimensão das despesas ambientais. Esta limitação também se aplica ao financiamento nacional do clima, em que a ajuda pública ao desenvolvimento (APD) tradicional, projectada, tem sido uma fonte significativa de financiamento inicial em muitos países. Muitas vezes, este financiamento não é facilmente visível nos sistemas orçamentais ou contabilísticos nacionais (Allen S, 2009).

No entanto, ao contrário da política fiscal, em que a teoria da tributação óptima já estava desenvolvida, a política de despesas não dispõe de uma teoria da afetação óptima que possa fornecer regras comparativamente bem definidas para as despesas públicas. As principais ideias da política de despesas foram os conceitos de externalidades e de falhas do mercado. Esta indica que a despesa pública só se justifica se as suas intervenções puderem corrigir a ineficiência do fornecimento de um produto ou serviço devido a uma falha do mercado (Paternostro et al., 2005).

2.3. A POLÍTICA AMBIENTAL DA ETIÓPIA

A Política Ambiental da Etiópia (EPE) e o Programa de Desenvolvimento Sustentável e de Redução da Pobreza (SDPRP) de 2002 atribuem a prevalência da pobreza, em parte, ao baixo crescimento e à baixa produtividade da agricultura e à dependência da população da agricultura e dos recursos naturais. A EPE afirma que a agricultura é a principal fonte de variabilidade e estagnação do crescimento económico (1997). Sendo um dos países mais dependentes da ajuda externa, os recursos orçamentais limitados afectam a capacidade da Etiópia para resolver estas questões. Ao mesmo tempo, como o atual governo da Etiópia só está em funções desde 1995, a Etiópia enfrenta não só os desafios de desenvolvimento económico de qualquer país de baixos rendimentos, mas também o desafio de criar uma nova estrutura institucional governamental para poder servir melhor as necessidades dos seus cidadãos. O seu objetivo político global é "melhorar e reforçar a saúde e a qualidade de vida de todos os etíopes e promover o desenvolvimento social e económico sustentável através de uma gestão e utilização sólidas dos recursos naturais, humanos e culturais e do ambiente como um todo, de modo a satisfazer as necessidades da geração atual sem comprometer a capacidade das gerações futuras de satisfazerem as suas próprias necessidades".

EPE salienta a necessidade de travar a degradação dos solos. A secção da política relativa à gestão dos solos e à agricultura sustentável, aos recursos florestais, à terra e às árvores, às espécies genéticas e à biodiversidade dos ecossistemas, aos recursos hídricos, à energia e aos recursos minerais aborda a questão do combate à desertificação.

À semelhança do desenvolvimento de agências ambientais formais, a maioria das leis ambientais atualmente em vigor na Etiópia foi desenvolvida após uma reação nacional contra as políticas do regime de Derg que eram vistas como autoritárias (Bekele, 2008; Keeley & Scoones, 2003). Como refere Damtie, na Etiópia "a promulgação separada de leis ambientais é um fenómeno recente na história da elaboração de leis", embora algumas leis anteriores tenham tratado direta ou indiretamente de questões ambientais (Damtie, 2011, p. 1). A maioria das leis ambientais atualmente em vigor foi desenvolvida após a transferência de poder para a EPRDF em 1995 (Bekele, 2008). Após o regime de Derg, foi redigida uma vasta legislação ambiental que abrange muitos sectores ambientais. Desde 1994, com a Lei da Política da Água, até à mais recente Política da Vida Selvagem, de 2007, foram elaboradas várias políticas sectoriais, abrangendo áreas como as florestas, a conservação, a utilização de terras rurais e a avaliação do impacto, entre outras. A força destas políticas varia significativamente: algumas, como a Política Ambiental da Etiópia (EPE) e a sua antecessora, a Estratégia de Conservação da Etiópia (CSE), são amplamente consideradas como políticas ambientais abrangentes e bem redigidas. Outras, como a Política de Desenvolvimento Rural, parecem carecer de elementos políticos cruciais, ou foram criticadas por promoverem os interesses do desenvolvimento em detrimento da proteção ambiental (Bekele, 2008).

Emitida em 1997, a atual política ambiental federal, a EPE, abrange numerosas políticas sectoriais e várias políticas intersectoriais (Bekele, 2008). Esta política, ao contrário das de regimes anteriores, aborda princípios de implementação, avaliação e revisão de políticas, e reconhece explicitamente um papel para a gestão participativa. A EPE também aborda a importância de envolver as comunidades locais, as ONG e as associações profissionais, indicando no seu texto a relevância da descentralização do poder e da colaboração entre interesses sectoriais (Bekele, 2008).

A EPE sublinha a importância do desenvolvimento sustentável, afirmando que o seu objetivo global é... *melhorar e reforçar a saúde e a qualidade de vida de todos os etíopes e promover o desenvolvimento social e económico sustentável através de uma gestão e utilização corretas dos recursos naturais, humanos e culturais e do ambiente como um todo, de modo a satisfazer as necessidades da geração atual sem comprometer a capacidade das gerações futuras de satisfazerem as suas próprias necessidades (1997, p. 3).* Para compreender plenamente as implicações deste processo, é necessário compreender o principal objetivo do atual governo que o conduz. O objetivo do plano de desenvolvimento sustentável da EPRDF foi motivado por aquilo que foi descrito como a pobreza complexa, profunda e estrutural da Etiópia: Em 2000, 44% da população vivia abaixo do limiar de pobreza (MoFED, 2002). O Plano de Desenvolvimento Acelerado e Sustentado para Acabar com a Pobreza (PASDEP) de 2006 e o seu antecessor, o Programa de Desenvolvimento Sustentável e de Redução da Pobreza (SDPRP) de 2002, afirmam que o "principal objetivo de desenvolvimento" do governo etíope é a erradicação da pobreza (MoFED, 2006, 2002). Os principais mecanismos para atingir este objetivo são uma "ênfase primordial e intencional na agricultura" e o reforço do crescimento do sector privado e o desenvolvimento da indústria (MoFED, 2002).

O enfoque do governo no desenvolvimento agrícola e industrial tem implicações potencialmente grandes para o ambiente da Etiópia. Este conflito potencial (e ligação inegável) entre a proteção ambiental e os objectivos de desenvolvimento económico foi abordado numa secção do SDPRP intitulada "Ambiente e Desenvolvimento", que responsabiliza a EPA por assegurar a "harmonização" da economia e do ambiente através das leis estabelecidas na EPE, para que nenhum dos sectores sofra em resultado da proteção do outro (MoFED, 2002, p. 121). Em contraste com o SDPRP , o PASDEP apresenta uma secção alargada sobre a degradação ambiental em resultado do desenvolvimento e do aumento das pressões agrícolas, abordando explicitamente o facto de que "a inversão da degradação ambiental e a erradicação da pobreza são... imperativos que se reforçam mutuamente e têm de ser implementados em conjunto nas iniciativas de desenvolvimento da Etiópia" (MoFED, 2006, p. 187). O SDPRP menciona o potencial das leis de Avaliação do Impacto Ambiental (AIA) para permitir a integração da consideração ambiental no planeamento do desenvolvimento (MoFED, 2002). No entanto, tem-se debatido até que ponto estas AIA têm sido implementadas de forma consistente e, como tal, a capacidade destas leis para evitar a degradação ambiental não é clara (Ruffeis et al., 2010).

2.4. REVISÃO DA LITERATURA RELACIONADA

A maior parte dos estudos que examinam a relação entre a despesa pública e os resultados do desenvolvimento enquadram-se numa de duas categorias. Os estudos da primeira categoria exploram a forma como a dimensão da despesa pública global ou do investimento público afecta o crescimento ou a pobreza. Exemplos desta categoria incluem o impacto da transferência de recursos das despesas correntes para as despesas de capital na Etiópia (Agenor etal (2004) citado em Tewodaj etal. 2007). A segunda categoria inclui estudos em que os autores procuraram correlacionar a despesa num sector económico com resultados nesse sector, ou com medidas de bem-estar mais amplas (por exemplo, Collier et al. 2002 sobre o sector da saúde na Etiópia; Roseboom 2002 sobre investigação agrícola citado em Tewodaj etal.2007).

A despesa pública com a proteção do ambiente é frequentemente uma pequena fração do orçamento total do Estado nos países em desenvolvimento. Essas despesas são ainda mais reduzidas durante a fase de estabilização do ajustamento macroeconómico. Uma maior consciencialização ambiental exige um tratamento adequado dessas despesas, especialmente durante períodos de dificuldades financeiras. No entanto, as instituições financeiras e de desenvolvimento internacionais que aconselham os governos em matéria de ajustamento macroeconómico ainda não dispõem de orientações específicas sobre as despesas públicas com o ambiente (OCED, 2006).

No Governo Real do Butão, a despesa pública média com o ambiente foi de 7,4%, com o nível mais elevado registado (10,4%) em 2002-2003 e o mais baixo em 2007-2008 (5,1%). Observa-se uma tendência decrescente das despesas públicas com o ambiente durante os períodos de planeamento de 2002-2008 (MdF, 2009). As despesas brasileiras com a proteção do ambiente, incluindo os níveis federal, estadual e municipal, no período 2003-2010 sugerem uma tendência decrescente das despesas públicas (em termos percentuais) em despesas ambientais a nível federal, mas uma tendência crescente a nível estadual. O governo federal do Brasil tem uma estratégia de crescimento "anti-verde", aumentando as actividades que pressionam o ambiente (especialmente o investimento em infra-estruturas), enquanto as despesas com a proteção ambiental permanecem relativamente estagnadas, e há uma mudança importante na distribuição política da proteção ambiental, com uma participação crescente dos governos estaduais e municipais. Foi também demonstrado que o aumento das despesas com a proteção ambiental não prejudica o desenvolvimento social e económico, confirmando a principal hipótese da "economia verde" (Young, 2011).

As despesas ambientais na Indonésia indicam uma economia significativa e recentemente industrializada - registada ao nível das fábricas, incluindo todos os 23 mil estabelecimentos industriais com mais de 20 trabalhadores. Uma vez que o cumprimento das normas quase não é imposto, as despesas com a redução da poluição são efetivamente de natureza voluntária. Isto permite-nos testar se as empresas estrangeiras gastam mais devido a uma tecnologia que adere a normas ocidentais mais rigorosas ou se o efeito predominante é que tanto as empresas exportadoras estrangeiras como as nacionais são mais conscientes do ambiente devido a uma melhor transferência de tecnologia ou a um consumismo ecológico nos países ocidentais. Em caso afirmativo, isto contradiria a ideia convencional de que as despesas ambientais reduzem a competitividade e que o aumento dos níveis de investimento direto estrangeiro ou a orientação para a exportação na indústria transformadora impedirão necessariamente as empresas de se comportarem de uma forma mais "verde" (Schulze, 2003)

O estudo analisa as práticas orçamentais ecológicas e sugere várias formas de as utilizar, a fim de garantir a coerência na aplicação dos elementos-chave da economia sustentável. Um estudo empírico sobre as despesas de saúde ambiental e o rendimento nacional sugere que a orçamentação ecológica é um fator importante para a economia sustentável. As razões subjacentes à introdução de uma perspetiva sustentável para a orçamentação em qualquer país são importantes, uma vez que ditarão, em grande medida, a forma como a orçamentação a médio prazo será institucionalizada (Maria, 2012).

Um estudo recentemente concluído sobre a revisão das despesas públicas ambientais (PEER) no Butão permitiu explorar as despesas nacionais no domínio do ambiente através da reconstrução do orçamento ao nível das actividades e da compilação de uma nova base de dados. De um total de 4 600 rubricas de despesas, as 400 maiores rubricas orçamentais representaram aproximadamente 80% das despesas públicas no domínio do ambiente. A análise salientou que as despesas de capital predominavam (também em 80%) e que cerca de um terço das despesas ocorria a nível da administração local, reflectindo a descentralização fiscal emergente no Butão. Estas duas questões - o equilíbrio entre a despesa de capital e a despesa corrente, e entre a despesa da administração central e a despesa local - são questões a ter em conta ao analisar a despesa relacionada com as alterações climáticas (Rinzin e Linddal, 2011).

Vários estudos sobre práticas orçamentais ecológicas sugeriram várias formas de as utilizar para garantir a coerência na aplicação dos elementos-chave da economia sustentável. Um estudo empírico sobre as despesas de saúde ambiental e o rendimento nacional sugere que a orçamentação ecológica é um fator importante para a economia sustentável. As razões subjacentes à introdução de uma perspetiva sustentável para a orçamentação em qualquer país são importantes, uma vez que ditarão, em grande medida, a forma como a orçamentação a médio prazo será institucionalizada (Maria, 2012).

Apesar da falta de informações exactas, as provas sugerem não só que os orçamentos da silvicultura são baixos, mas também que se verificou uma redução sistemática dos fundos orçamentados e desembolsados para a silvicultura. Isto pode dever-se, em parte, à priorização dos fundos para sectores não económicos e à proteção das despesas sociais, bem como a insuficiências ad hoc nos fundos orçamentados (Akroyd e Smith 2006, 2007). Por exemplo, na Indonésia, não só a percentagem do orçamento destinada à silvicultura e a outras despesas ambientais é baixa, como também diminuiu em termos reais durante a década de 1990, compensando simultaneamente uma diminuição do PIB (Vincent et al. 2002).

Em pelo menos um caso, o Vietname, a proporção da despesa pública atribuída à silvicultura é significativamente superior à sua contribuição para o PIB agrícola. Embora a despesa com a silvicultura no Vietname tenha diminuído, continua a representar entre 20 e 25 por cento da despesa agrícola total, significativamente mais elevada do que a sua contribuição para o PIB agrícola, que se estima ser de cerca de 4 por cento (Banco Mundial 2010a). Na maioria dos estudos analisados, os níveis de desembolso dos PD tendem a ser inferiores aos associados aos fundos fornecidos pelos governos beneficiários. As razões incluem as dificuldades associadas aos procedimentos de aquisição dos PD e a escassez de contribuições de contrapartida dos governos beneficiários (Govereh et al.2009). As despesas ambientais não são registadas como parte das despesas totais do sector florestal.

A análise das finanças públicas e dos dados ao nível dos agregados familiares na Etiópia revelou que, apesar da importância da agricultura para a economia da Etiópia, os retornos das despesas agrícolas eram bastante baixos, o que sugere a necessidade de mais investigação sobre os factores de eficiência e eficácia dos investimentos públicos neste importante sector. Dos subsectores da agricultura, muito pouco orçamento foi atribuído ao ambiente, à biodiversidade e a outros recursos naturais na Etiópia (Tewodaj etal, 2007).

Em alguns casos, as PER do sector florestal reuniram, pela primeira vez, dados sobre as despesas florestais, proporcionando uma base para futuras análises do impacto das despesas públicas no desempenho do sector (Bekele 2001). O Serviço Florestal do Quénia é um exemplo deste último caso; todos os anos, realiza uma PER como parte do seu processo de preparação do orçamento e do QDMP (Serviço Florestal do Quénia 2008).

O financiamento público de projectos e programas de silvicultura na Nigéria tem sido historicamente inadequado, com desembolsos inoportunos tanto a nível do governo federal como do governo estatal (Departamento Federal de Silvicultura 2001). Na Etiópia, menos de 1% da despesa total do governo federal é atribuída ao ministério da tutela da silvicultura, sendo apenas 2 a 3% deste total atribuídos ao sector. A este montante, contudo, devem ser acrescentadas as somas mais avultadas de dinheiro disponibilizadas às administrações estatais para a silvicultura (e a fauna bravia) para cobrir as suas despesas correntes e de capital. Nos últimos anos, estas subvenções foram cerca de 30 vezes superiores ao montante atribuído a nível central. Além disso, as administrações estatais regionais podem obter receitas e gastá-las localmente, embora não haja informação disponível sobre os montantes (Bekele 2001).

2.5. QUADRO ANALÍTICO DO ESTUDO

Não existe uma classificação internacionalmente aceite das despesas ambientais. Os custos e benefícios dos programas de proteção ambiental desafiam frequentemente a quantificação e a monetização, tornando difícil justificar estes programas com base em critérios económicos convencionais. Muitos países em desenvolvimento enfrentam sérias dificuldades financeiras, o que limita a sua capacidade de gastar com o ambiente. Em suma, não existe um quadro analítico que ajude a colocar as despesas públicas ambientais (PEEs) no centro das considerações sobre as despesas governamentais.

Dependendo da disponibilidade de dados, as despesas ambientais foram analisadas por agência de despesa (ministério, agência reguladora, outras instituições), por tipo de despesa (corrente, de capital) e por domínio ambiental (água, ar, resíduos, etc.). A despesa pública com o ambiente na Etiópia provém de quatro fontes principais: governo central, municípios, doadores e empresas públicas, como as empresas de gestão da água e dos resíduos. Embora os dados sobre as despesas financiadas pelo orçamento pareçam ser exaustivos e fiáveis, faltam informações completas sobre os projectos financiados por doadores e as despesas das empresas públicas, uma vez que estas têm sido em grande parte executadas fora do quadro orçamental.

CAPÍTULO 3

3. METODOLOGIA DO ESTUDO

3.2. CONTEXTO DA ETIÓPIA

A Etiópia é um dos países em desenvolvimento sem litoral mais pobres do mundo. A Etiópia é o 27º maior país do mundo, com uma dimensão comparável à da Bolívia. Situa-se entre as latitudes 3º e 15ºN e as longitudes 33º e 48ºE. Situada no Corno de África, a Etiópia é uma nação em desenvolvimento geograficamente diversificada que ocupa 1,1 milhões de quilómetros quadrados de terra. A Etiópia é o segundo país mais populoso da África Subsariana, com uma população de cerca de 92 milhões de habitantes (Nações Unidas, 2012). Dos quase 92 milhões de habitantes da Etiópia, 82,4% da população vive fora dos limites da cidade e cerca de 79% trabalha no sector agrícola. Embora a Etiópia esteja a passar por um processo de urbanização, a esmagadora maioria das pessoas ainda vive em zonas rurais. A população da Etiópia está a aumentar com uma taxa de crescimento anual de 2,1%.

A Etiópia é um dos hotspots de biodiversidade mais importantes do mundo, mas também um dos mais degradados (FFE, 2011b; Conservation International, 2007; McKee, 2007). O país enfrenta numerosos desafios ambientais, como a desflorestação, a erosão dos solos, a perda de biodiversidade e o declínio da fertilidade dos solos e da qualidade da água (FFE, 2011a; Bekele, 2008; EPE, 1997). Estes problemas representam riscos significativos para os cidadãos etíopes, uma vez que - como sublinhado na Política Ambiental da Etiópia de 1997 - "os recursos naturais são a base da economia". Os desafios políticos, sociais e económicos podem contribuir para a degradação ambiental e ser exacerbados por ela. Grande parte da população da Etiópia depende do ambiente como principal fonte de rendimento (HoAREC, 2011). Este facto conduz a um ciclo de degradação ambiental e pobreza: para sobreviver, as pessoas "são forçadas a ignorar o bem-estar a longo prazo do ambiente e, assim, a degradá-lo ainda mais" (MoFED, 2002, p. 121). As secas recorrentes, a fome, as infra-estruturas deficientes e os períodos de agitação política constituem desafios adicionais para a gestão ambiental na Etiópia (Ogbaharya & Tecle, 2010; EPE, 1997).

A maior parte da Etiópia situa-se no Corno de África, que é a parte mais oriental da massa terrestre africana. A grande amplitude de altitude deu ao país uma variedade de áreas ecologicamente distintas, o que contribuiu para incentivar a evolução de espécies endémicas em isolamento ecológico. Até à data, foram registadas mais de 856 espécies de aves na Etiópia, 20 das quais são endémicas do país. Dezasseis espécies estão em perigo ou em perigo crítico. Historicamente, em todo o continente africano, as populações de animais selvagens têm vindo a diminuir rapidamente devido ao abate de árvores, às guerras civis, à poluição, à caça furtiva e a outras interferências humanas. Uma guerra civil que durou 17 anos, juntamente com uma seca severa, afectou negativamente as condições ambientais da Etiópia, levando a uma degradação ainda maior do habitat. A destruição do habitat é um fator que conduz à ameaça. Quando as alterações a um habitat ocorrem rapidamente, os animais não têm tempo para se adaptarem. O impacto humano ameaça muitas espécies, sendo de esperar maiores ameaças em resultado das alterações climáticas induzidas pelas emissões de gases com efeito de estufa. Com emissões de dióxido de carbono em 2010 de 6.494.000 toneladas, a Etiópia contribui apenas 0,02% para a libertação anual de gases com efeito de estufa provocada pelo homem (IUCN, 2008).

Os recursos naturais renováveis, ou seja, a terra, a água, as florestas e as árvores, bem como outras formas de biodiversidade, que satisfazem as necessidades básicas de alimentação, água, vestuário e abrigo, deterioraram-se para um baixo nível de produtividade. Em muitas zonas das terras altas da Etiópia, o consumo atual de madeira é superior à produção natural sustentável sem ajuda. As estimativas da desflorestação, que se destina principalmente à expansão da agricultura de sequeiro, variam entre 80.000 e 200.000 hectares por ano. Considera-se que a queima de estrume como combustível, em vez de o utilizar como corretivo do solo, provoca uma redução da produção de cereais de cerca de 550 000 toneladas por ano. Em 1990, a erosão acelerada do solo causou uma perda anual progressiva da produção de cereais estimada em cerca de 40 000 toneladas, que, se não for travada, atingirá cerca de 170 000 toneladas até 2010. O gado desempenha uma série de papéis vitais na economia rural e nacional, mas, de acordo com uma estimativa, cerca de 2 milhões de hectares de terras de pastagem terão sido destruídos pela erosão do solo entre 1985 e 1995. Estima-se que a degradação dos solos tenha resultado numa perda de produção pecuária em 1990 equivalente a 1,1 milhões de cabeças de gado tropicais (TLU) e que, se não for travada, aumentará para 2,0 milhões de TLU ou 10% do atual efetivo bovino nacional até 2010.

Em termos económicos, estima-se que a erosão do solo em 1990 tenha custado (a preços de 1985) cerca de 40 milhões de Birr em perdas de produção agrícola (isto é, culturas e gado), enquanto o custo da queima de estrume e de resíduos de culturas como combustível foi de cerca de 650 milhões de Birr. Assim, em 1990, cerca de 17% do PIB agrícola potencial foi perdido devido à degradação física e biológica do solo.

A perda permanente de valor dos recursos do solo do país causada pela erosão do solo em 1990 foi estimada em 59 milhões de Birr. Este é o montante pelo qual o "capital" do solo do país deve ser depreciado nas Contas Nacionais ou que deve ser deduzido (como depreciação de capital) do Rendimento Nacional Líquido (RNL) do país.

O Programa de Ação Florestal da Etiópia (EFAP) calculou que o valor total da destruição das florestas em 1990 foi de cerca de 138 milhões de Birr, ou seja, cerca de 25% do PIB florestal potencial de 544 milhões de Birr.

3.3. DADOS

A análise descritiva e a análise econométrica foram efectuadas com base em várias fontes de dados. O estudo envolveu uma análise documental aprofundada de várias políticas, estratégias e programas governamentais nacionais, sectoriais e locais relacionados com o ambiente.

Foram utilizadas informações secundárias, nomeadamente de relatórios sectoriais sobre as despesas ambientais, relatórios do inquérito económico, discursos parlamentares sobre o orçamento de diferentes ministérios e outros relatórios governamentais.

Os dados do painel sobre as despesas públicas, recolhidos extensivamente do Ministério das Finanças e do Desenvolvimento Económico (MOFED), incluem dados anuais do ano fiscal de 2003/02 a 20011/12 e incluem despesas federais e regionais. Estes dados foram desagregados por função e classificação económica. Outros dados sectoriais específicos, normalmente desagregados por região e disponíveis para vários anos, foram obtidos junto dos respectivos ministérios e constam essencialmente das secções descritivas seguintes.

Para complementar os dados secundários, este estudo recorreu a entrevistas com informadores-chave, discussões em grupos de discussão e consulta de vários sectores, departamentos e gabinetes da administração local. A discussão em grupo e as entrevistas foram orientadas pela lista de controlo das perguntas principais e pela realização de entrevistas informais. O investigador visitou seis ministérios e uma administração municipal. Além disso, o investigador contactou e recebeu informações oficiais por escrito do Ministério das Florestas e do Ambiente.

A. **Discussão em grupo de foco (FGD)**: O FGD também foi utilizado para avaliar o desempenho das despesas públicas ambientais do país. O investigador conduziu as discussões dos grupos de centragem em três grupos. O primeiro grupo é constituído pelo Ministério do Ambiente e das Florestas e o segundo pela autoridade de proteção do ambiente da administração da cidade de Adis Abeba.

B. **Entrevista com informadores-chave (KII):** Os informadores-chave estão entre as melhores fontes de informação pormenorizada no tipo de investigação qualitativa. Para a parte qualitativa da investigação, foram efectuadas entrevistas a informadores-chave com indivíduos de ambos os sexos, masculino e feminino, conforme as condições o permitiam. Através de entrevistas a informadores-chave, foram recolhidos dados primários relevantes para o estudo em diferentes ministérios. A lista dos seus nomes, responsabilidades e endereços foi anexada.

3.4. MÉTODO DE INVESTIGAÇÃO E ABORDAGEM ANALÍTICA

Foram utilizados métodos de análise estatísticos descritivos e econométricos para analisar as tendências e a prática das despesas públicas ambientais na Etiópia.

Nos métodos descritivos de análise, os dados foram somados em primeiro lugar, de acordo com os programas implementados pelas instituições relacionadas com o ambiente e, em seguida, por instituições. Os seus totais serão tabulados em quadros consolidados numa base anual.

Estes quadros foram úteis para analisar o estado ambiental público da Etiópia e também para comparar os resultados entre regiões. Para fins analíticos, foram utilizados vários outros quadros que utilizam os resultados globais do quadro analítico principal para estudar as tendências das despesas ambientais, as caraterísticas salientes das despesas ambientais e para compreender os principais domínios das despesas ambientais no país.

Uma série de estudos utilizou modelos de equações simultâneas de dados de painel para estudar o efeito de uma série de despesas sectoriais no crescimento agrícola e nos resultados da pobreza a nível nacional (por exemplo, Fanet al. 2000, Fan et al. 2002). Neste estudo, o investigador também utilizou dados de painel para a análise de regressão sobre o impacto das despesas públicas nos resultados ambientais na Etiópia.

3.5. ESPECIFICAÇÃO DO MODELO ECONOMÉTRICO

Utilizando os dados do MOFED (2002/03 e 2012/13), foi ajustado um modelo de efeitos fixos, que estimou uma constante para cada região e tem em conta as observações em falta, para testar os efeitos de uma variação do PIB nas variações das despesas públicas absolutas em matéria de ambiente durante o período 2002/03-2012/13.

$Yit = \beta + \beta_i \chi it + \varepsilon t$

t= 1, 2, 3,--------- e9 (1=2002/03, 2=2003/04, ------------- etc

i = 1, 2, 3, 4 e 5 (1= soma do PIB do governo federal, Tigray, Afar, Somali etíope, SNNPR, Benishangul gumzu, Gambella e Dire dawa, 2= Amhara, 3= 0romia, 4=Harare, 5= Adis Abeba)

Em que T = 12 períodos de tempo que abrangem 2000/01 a 2012/13, N = 11 regiões abrangidas pelos dados do MoFED, Yit representa a despesa pública ambiental do país i no ano t a preços de 2007 e Xit representa o PIB absoluto do país i no ano t a preços de 2007 e Fit representa o assistente estrangeiro, εit é o resíduo.

Os dados relativos ao PIB não estão disponíveis em todas as regiões do país. Os dados sobre o PIB só estão disponíveis para as três regiões de Amhara, Oromia, Harare e uma administração municipal de Adis Abeba. Em primeiro lugar, estes dados disponíveis sobre o PIB são somados. Em seguida, esta soma dos dados do PIB é deduzida do PIB do país para determinar a soma do PIB das outras regiões, incluindo o governo federal.

Em seguida, foi incorporada no modelo uma variável de tendência temporal (t) para controlar quaisquer aumentos das despesas ambientais que ocorram independentemente dos efeitos específicos de cada país, o PIB, em que uma observação efectuada em 2002/03 é codificada como 1, uma observação em 2003/04 é codificada como 2 e assim por diante. Além disso, os dados foram transformados. Foi adotado um logaritmo natural da despesa pública absoluta em matéria de ambiente e do PIB, uma vez que a especificação logarítmica é a mais facilmente interpretável.

3.6. TRATAMENTO E ANÁLISE DOS DADOS

Os dados recolhidos das diferentes fontes foram devidamente compilados e preparados para serem facilmente apresentados e processados por computador. Todos foram ordenados no Micro Soft Excel. O software adequado para a análise STATA foi selecionado entre as ferramentas disponíveis devido à sua conveniência e ampla aplicabilidade.

CAPÍTULO 4

4. RESULTADOS E DISCUSSÃO

4.1. PARTE DESCRITIVA DA ANÁLISE

Esta secção descreve as dotações de recursos do sector público da Etiópia e os padrões de despesa relacionados com questões ambientais. Dependendo da disponibilidade de dados, nesta secção as despesas do sector público administrativo são analisadas por agência de despesa (ministério, agência reguladora, outras instituições) e por tipo de despesa (corrente, de capital). Além disso, esta secção procura analisar as tendências das despesas ambientais nas 9 regiões (Tigray, Afar, Amhara, Oromia, Somale, Benishangul Gumuz, SNNP, Gambella e Hararai), em 2 administrações municipais (Adis Abeba e Dire dawa) e no governo federal da Etiópia durante um período de 10 anos, 2002/3-2012/13, com base em dados extremamente recolhidos junto do Ministério das Finanças e do Desenvolvimento Económico (MoFED).

4.1.1. DISTRIBUIÇÃO INSTITUCIONAL DOS INFORMADORES-CHAVE (INQUIRIDOS)

Por uma questão de clareza e simplicidade, a composição dos inquiridos da entrevista com informadores-chave a nível das instituições públicas está resumida na tabela 4.1 abaixo. Em primeiro lugar, o investigador contactou o Ministério do Ambiente e das Florestas para identificar as instituições públicas que se preocupam com questões de proteção ambiental. Em seguida, o investigador contactou os informadores por correio eletrónico, telefone, ou ambos, dependendo da informação de contacto disponível. As entrevistas consistiram numa série de 5 a 15 perguntas que variaram consoante os conhecimentos e a experiência do indivíduo. Quando aplicável, o investigador fez perguntas de seguimento para clarificar os comentários e desenvolver as questões levantadas.

Quadro 3.1: Distribuição institucional dos informadores-chave

Name of public body	Number of contacted person
Ministry of Environment and Forestry	5
Ministry of Agriculture	3
Ministry of Mine	1
Ministry of Water and Energy	3
Ministry of Industry	1
Ministry of Transport and Communication	2
Addis Ababa Environmental Protection Authority	3
Total	18

3.6.1. SITUAÇÃO DA UNIDADE AMBIENTAL ESTABELECIDA NAS INSTITUIÇÕES PÚBLICAS SELECCIONADAS

A amostra para a entrevista aos informadores-chave foi selecionada a nível institucional com base na técnica de amostragem intencional . Em primeiro lugar, o investigador contactou o Ministério do Ambiente e das Florestas para identificar os principais organismos públicos que se preocupam mais com as questões ambientais. De acordo com a entrevista informal com o Ministério do Ambiente e das Florestas, a nível federal, sete organismos públicos têm de criar uma unidade ambiental. Trata-se do Ministério do Ambiente e das Florestas, do Ministério da Agricultura, do Ministério das Minas, do Ministério da Água e da Energia, do Ministério do Desenvolvimento Urbano e da Construção, do Ministério dos Transportes e das Comunicações e do Ministério da Indústria. Isto sugere que, de 170 organismos públicos federais, apenas oito (0,05%) criaram uma unidade ambiental. Exceptuando o Ministério da Agricultura, o Ministério das Minas e o Ministério da Água, Energia e Irrigação, nos restantes organismos públicos a unidade ambiental é estabelecida como uma questão transversal.

Como mostram os seus relatórios anuais de desempenho das despesas e os dados, nestes organismos públicos selecionados propositadamente, em todos os anos fiscais da amostra, o orçamento atribuído não foi totalmente gasto. Os resultados da discussão em grupo e das entrevistas informais com os seis organismos públicos federais selecionados (Ministério do Ambiente e das Florestas, Ministério da Agricultura, Ministério das Minas, Ministério da Água e da Energia, Ministério dos Transportes e Comunicações e Ministério da Indústria) e uma administração municipal (Administração da Cidade de Adis Abeba) confirmam esta conclusão. De um modo geral, as conclusões das 18 entrevistas com informadores-chave são resumidas.

3.6.2. EFEITOS DOS CONTRATOS PÚBLICOS NÃO PLANEADOS NAS DESPESAS PÚBLICAS AMBIENTAIS

Em todos estes organismos públicos incluídos na amostra havia contratos públicos em curso. Por este motivo, o orçamento é transferido de um ano fiscal para outro ano fiscal. Todos os inquiridos contactados afirmaram que a principal razão para a existência de contratos públicos em curso é a morosidade do período de flutuação das propostas. Com base nestas informações, o investigador tentou analisar as regras de adjudicação de contratos do governo federal da Etiópia. De acordo com o artigo 22.º, n.º 2, da Proclamação n.º 649/2009 relativa aos contratos públicos e à administração de bens imóveis, cada organismo público deve ser aprovado pelo diretor do organismo público em causa e comunicado aos serviços competentes do organismo público e da Agência até ao dia 30 de junho de 2009, data em que a Agência foi criada.

Calendário. O plano de aquisições tem de ser preparado de forma a ser suficientemente inteligente:

> Realizar o programa de trabalho do organismo público.

> Assegurar a economia e a eficiência no funcionamento do organismo público, desencorajando a aquisição fragmentada.

> Exercer a prudência e efetuar os preparativos necessários para evitar problemas que possam surgir na execução dos contratos.

No entanto, os dados indicam que, apesar de prepararem as aquisições anuais, o plano não é suficientemente inteligente para a execução, o controlo e o acompanhamento. Devido ao fraco planeamento das aquisições que prepararam, houve sempre aquisições em processamento no final de cada exercício orçamental.

Por exemplo, os dados das séries cronológicas da Autoridade de Proteção do Ambiente da administração da cidade de Adis Abeba demonstram claramente que o orçamento total atribuído não é totalmente gasto. Nos mesmos anos fiscais, havia em média três contratos em curso no final de cada ano fiscal. Em termos de valor, estas aquisições representam, em média, 20% do orçamento total afetado. Com base nestes dois dados anuais do montante total do orçamento e do valor das aquisições no sector da transformação, é possível identificar simplesmente que as aquisições no sector da transformação são uma das principais causas do fraco desempenho das despesas públicas ambientais da Etiópia. Devido a este planeamento deficiente das aquisições, em média 20% do orçamento total atribuído não foi gasto em cada ano da amostra.

Quadro 4.2: Orçamento e despesas anuais da Autoridade de Proteção Ambiental da Administração da Cidade de Adis Abeba (em ETB).

Year	Budget	Expenditure	Percentage of expenditure from the total budget.	Percentage of procurement on bidding at the end of EFY
2010/11	25,158,153.60	11,604,988.67	46.13	28.2
2011/12	11,225,462	9,568,864.70	85.24	15.4
2012/13	31,986,920	26,606,497.96	83.18	16.4

Fonte: Cálculos próprios utilizando dados da APE de Adis Abeba, 2011, 2012, 2013

4.1.4. EXPERIÊNCIA DE CORTES ORÇAMENTAIS NO SECTOR PÚBLICO DO AMBIENTE

De acordo com os resultados das entrevistas informais e os relatórios anuais das organizações públicas selecionadas, a crise financeira provocou grandes cortes no orçamento e nas despesas públicas. A fim de equilibrar o orçamento das instituições, o Governo etíope reduziu por vezes as requisições de despesas do orçamento de Estado numa determinada percentagem. Por exemplo, no ano de 2011/12, o Governo etíope reduziu o orçamento geral do Estado em 4,2%. Estes cortes afectaram o Ministério do Ambiente em 7,5 por cento (Ministério das Finanças 2008). A gestão da despesa pública é um aspeto importante da política ambiental de um país. Grandes cortes orçamentais em tempos de crise financeira podem pôr em risco a realização de objectivos críticos a longo prazo. Isto sugere que as despesas públicas no domínio do ambiente são mais sensíveis aos cortes nas despesas públicas em períodos de crise do que outras despesas públicas. Tal como a Etiópia, no caso de outros países, por exemplo a Indonésia, como Vincent e os seus co-autores constatam, as despesas ambientais diminuíram muito mais do que os cortes orçamentais, em média. No entanto, esta tese não discute as razões potenciais para esta diferença de cortes orçamentais entre as despesas de educação ambiental e as outras despesas.

Para apoiar as conclusões a nível macro acima referidas sobre a experiência de redução do orçamento público ambiental do país, foram selecionados alguns ministérios e agências públicas para analisar a experiência de redução do orçamento público ambiental a nível das instituições, com evidências de apoio da discussão do grupo de discussão. A tabela 4.3 mostra claramente que, em todas as instituições selecionadas, o orçamento solicitado não é aprovado pelo governo do país, o Ministério das Finanças e do Desenvolvimento Económico. De acordo com a discussão do grupo de foco com os peritos em orçamento e o diretor das direcções do Ministério das Finanças e do Desenvolvimento Económico, este corte orçamental deve-se a limitações dos recursos governamentais. Há uma procura crescente de recursos orçamentais. Para equilibrar esta procura crescente de orçamento, o Governo da Etiópia obrigou-se a não afetar a totalidade do montante orçamental solicitado. O Governo deu prioridade à atribuição de verbas orçamentais aos principais sectores de desenvolvimento económico, sobretudo aos sectores das infra-estruturas e da agricultura.

No entanto, este corte orçamental global afectou mais as despesas públicas no domínio do ambiente do que as despesas globais. Nestas cinco instituições públicas selecionadas, em média 20% do orçamento solicitado não foi aprovado na sua totalidade. Mas, em termos desagregados, o corte orçamental é de 30% no sector do ambiente.

Tabela 4.3: Experiência de orçamento público ambiental em algumas instituições públicas do governo federal selecionadas.

EFY	Ministry of Agriculture		Ministry of Mines		Ministry of Water, Irrigation and energy		Ministry Environment and forestry		Ministry Industry	
	Requested	Approved	Requested	Approved	Requested	Approved	Requested	Approved	Requested	Approved
2010/11	7,738,460	5,456,675	39,311	30,901	2,760,180	2,174,232	6,355	5,867		36,002
2011/12	10,206,626	7,644,374	100,488	71,153	5,836,985	4,445,210	77,618	76,617	48,534	46,060
2012/13	7,879,207	6,982,105	198,887	90,180	5,734,550	4,506,858	74,378	74,408	5,054,338	178,488

Fonte: Cálculos próprios utilizando dados do MOFED.

4.1.5. DESPESAS PÚBLICAS GLOBAIS NO DOMÍNIO DO AMBIENTE

As despesas públicas no domínio do ambiente na Etiópia provêm de três fontes principais: Tesouro, fontes internas e assistentes estrangeiros (ajudas e empréstimos). Embora os dados sobre as despesas financiadas pelo orçamento pareçam ser exaustivos e fiáveis, faltam informações completas sobre os projectos financiados por doadores e as despesas das empresas públicas, uma vez que estas têm sido em grande parte executadas fora do quadro orçamental.

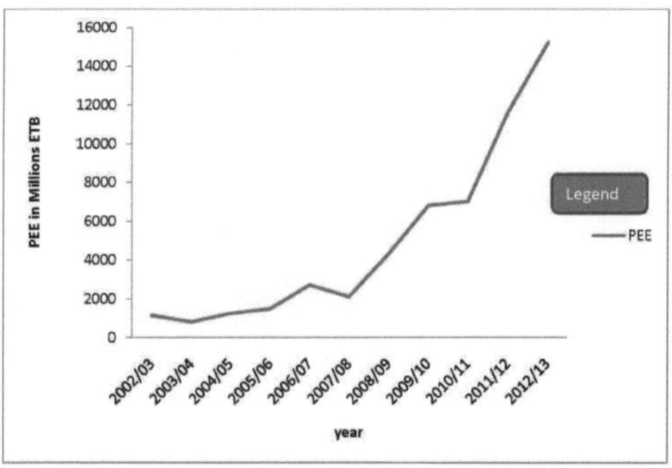

Figura 4.1 Tendências da Despesa Pública Ambiental em termos de valor absoluto (ETB, em milhões). Fonte: Cálculos próprios usando dados do MOFED.

As despesas públicas totais, incluindo as despesas do governo central e do governo estatal no domínio do ambiente, aumentaram no período 2002/03-2012/13 (ver figura 4.1). As principais responsabilidades ambientais cabem ao Ministério do Ambiente e das Florestas a nível federal, ao passo que a nível local as responsabilidades cabem aos gabinetes do ambiente e das florestas. Os seus orçamentos anuais aumentaram várias vezes desde 2002/03. O aumento tem sido consentâneo com o crescimento global das despesas, e a percentagem das despesas ambientais no orçamento central global apresenta grandes flutuações. No presente ano fiscal, as despesas públicas dispararam principalmente devido à grande expansão do investimento de capital (sobretudo em infra-estruturas de transportes), mas também devido ao aumento das despesas correntes (em salários, por exemplo).

A conservação do ambiente é o oitavo dos dez pilares estratégicos do Plano de Crescimento e Transformação (GTP) do país. Tem um contributo vital para a sustentabilidade do desenvolvimento. Através de planos e políticas, o Governo da Etiópia fez da proteção do ambiente e dos recursos naturais uma prioridade para o desenvolvimento da Etiópia, na prossecução dos objectivos ambientais do GTP. Neste sentido, o governo do país passou a investir na proteção da natureza. O compromisso de abordar as questões ambientais pode ser melhor ilustrado através da análise das despesas públicas relacionadas com o ambiente em todas as regiões do país e da medição da sua percentagem no rendimento total da economia. A Figura 4.1 indica claramente que, em termos absolutos, com exceção dos anos fiscais de 2003/04 e 2007/08, a despesa pública total com o ambiente apresentou uma clara tendência de aumento ao longo do período 2002/03-2012/13. Este aumento absoluto pode ser um dos sintomas de que o empenho do governo etíope na proteção do ambiente se tornou grande.

Em termos percentuais, a análise revelou que o sector do ambiente da Etiópia representou quase uma média de 7,25% do total das despesas do sector público durante o período 2002/03-2012/13. Durante o primeiro ano do período de estudo (2002), a despesa pública com o ambiente rondou a média de 6,17% da despesa orçamental total desse ano. No entanto, durante os últimos anos, flutuou entre 3-8% por ano. Esta flutuação pode dever-se à procura concorrente de recursos orçamentais por parte de outros sectores económicos. Para apoiar estas conclusões com base em dados secundários, o investigador realizou uma discussão de grupo de reflexão com o Ministério das Finanças e do Desenvolvimento Económico (MoFED). Os resultados da discussão em grupo e dos informadores-chave indicam uma procura crescente de recursos orçamentais (investimento em infra-estruturas, por exemplo). O Quadro 4.1 apresenta a despesa pública anual média no domínio do ambiente na Etiópia durante o período 2002-2013.

Tabela 4.4: Média anual das despesas públicas ambientais na Etiópia durante o período 2002/03-2012/13 (valores em ETB, milhões)

year	Annual PEE	Annual Total Public Expenditure	PEE as % of Total Public Expenditure	GDP	PEE as % of GDP
2002/03	1136.47	18,424.65	6.17%	71,690.9	1.59%
2003/04	1003.49	22,528.85	3.57%	81,421.1	0.99%
2004/05	1255.07	22,628.56	3.54%	91,044.1	1.38%
2005/06	1488.24	27,752.63	5.36%	100,908.4	1.47%
2006/07	2720.11	31,809.32	8.55%	112,468.5	2.42%
2007/08	2117.31	38,478.70	5.5%	124,602.2	1.70%
2008/09	4322.64	66294.7	6.52%	135,570.3	3.19%
2009/10	6809.19	81552.4	8.35%	152,585.1	4.46%
2010/11	7002.93	105015.4	6.67%	169,641.5	4.13%
2011/12	11639	147641.4	7.88%	180,651.30	6.41%
2012/13	15230.54	189979.4	8.02%	192,622.50	7.91%
Annual Average	4956.82	68373.27	7.25%	128,473.25	3.86%

Fonte: Cálculos próprios utilizando dados do MOFED.

O PEE anual médio acima referido pode ser comparado com a despesa anual média do Ministério do Ambiente e das Florestas (MoEF) de 3,4 milhões de Birr. 3,4 milhões, durante o período de estudo, o que corresponde a cerca de 0,07% da média anual das despesas orçamentais no domínio do ambiente durante o período. É também interessante notar que a PEE em percentagem do PIB do país registou uma flutuação durante o período 2002/03-2012/13. A percentagem de PEE em 2002-2003, que se situava em 1,59 do PIB, aumentou quase 260% durante o período abrangido pelo estudo, atingindo 4,13 do PIB em 2007-2008. A experiência da PEE na Etiópia é ainda melhor. Os resultados resumidos no Quadro 4.1 são apresentados na figura 4.1.

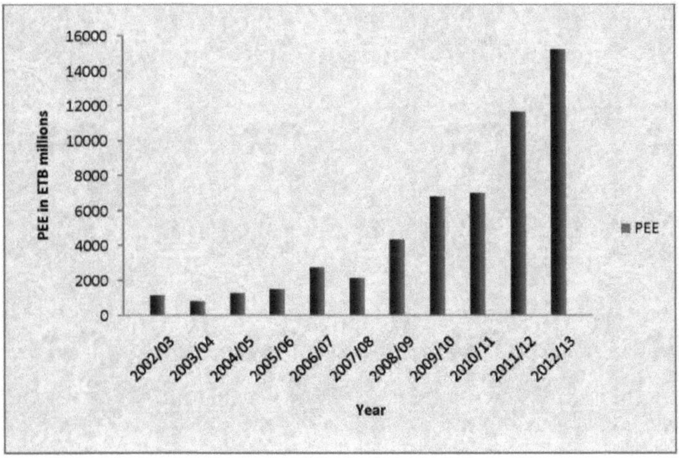

Figura 4.2. Despesa pública ambiental em termos de valor absoluto (ETB, em milhões). Fonte: Cálculos próprios utilizando dados do MOFED.

4.1.6. COMPARAÇÃO DAS DESPESAS PÚBLICAS ESTADUAIS E FEDERAIS NO DOMÍNIO DO AMBIENTE

A análise da Despesa Federal mostrou uma estrita flutuação no período 2003-2008, enquanto apresentou um aumento no período 2009-2013. Por outro lado, a nível estadual, a análise do orçamento agregado do Estado mostrou que, apesar de apresentarem padrões diferentes de participação no orçamento total, nenhuma das funções analisadas teve *um* grande aumento no mesmo período, com relativa estabilidade da sua participação no período 2003-2009.

Um dos resultados deste processo pode ser visto na Figura 6: desde 2002/03, as despesas ambientais agregadas dos estados ultrapassaram as despesas ambientais do governo federal.

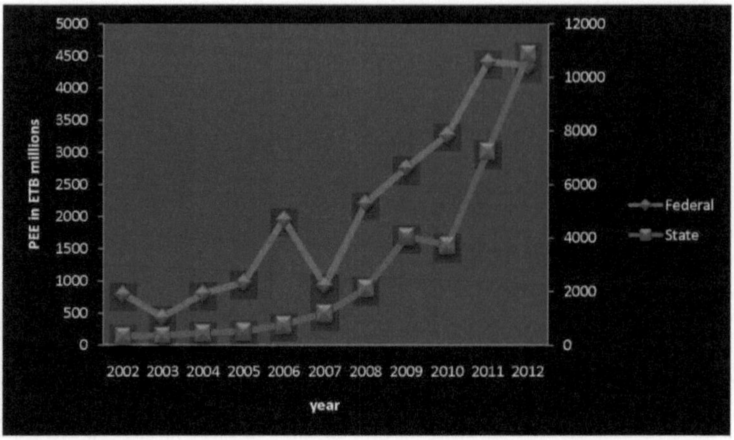

Figura 4.3. Despesas dos governos federal e estadual na função gestão ambiental no período 2002/03-2012/13 (ETB, em milhões). Fonte: Cálculos próprios utilizando dados do MOFED.

A análise em termos de percentagens também confirma que, no que diz respeito às despesas ambientais, as questões ambientais têm um papel mais relevante na política estadual do que na política federal (Figura 4.4.). Enquanto as despesas na função Gestão Ambiental representaram, em média, cerca de 25,1% do total das despesas do Estado no período 2002/03-2012/13, em média, essa participação é reduzida para cerca de 3,8% no total das despesas federais.

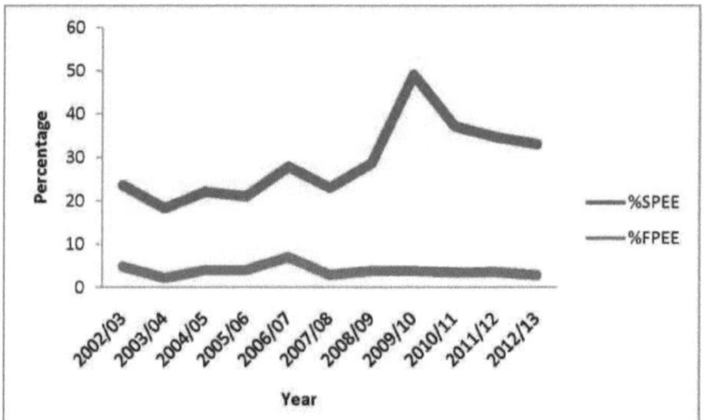

Figura 4.4. Percentagem relativa da despesa federal e estatal em relação à despesa total Fonte: Cálculos próprios utilizando dados do MOFED.

4.1.7. DESPESAS PÚBLICAS EM MATÉRIA DE AMBIENTE POR CLASSIFICAÇÃO ECONÓMICA

A política de despesas do Governo consiste em afetar alguns recursos à proteção ambiental com o objetivo de erradicar a pobreza e alcançar um desenvolvimento económico sustentável. Ciente deste objetivo, tanto as despesas recorrentes como as despesas de capital do governo geral mostraram um aumento significativo nos últimos sete anos. O crescimento das despesas recorrentes registou uma média de 28,65% ao longo dos últimos 11 anos (2002/03-2012/13), enquanto a taxa de crescimento das despesas de capital foi, em média, de 53,09 por ano durante o mesmo período. Consequentemente, a percentagem da despesa de capital em relação à despesa total aumentou de 41,71% no ano fiscal de 2002/03 para 89,14% em 2012/13, enquanto a percentagem da despesa corrente em relação à despesa total diminuiu de 58,29% em 2002/03 para 10,86% em 2012/13. Uma parte significativa das despesas centra-se mais na gestão dos recursos naturais, na gestão do desperdício de água e na proteção contra catástrofes. O padrão de despesa do governo mudou completamente nos últimos anos, com mais recursos a serem afectados ao investimento de capital na proteção ambiental. Para identificar a principal razão para o aumento da percentagem das despesas de capital, foram realizadas discussões em grupos de reflexão e entrevistas a informadores-chave do Ministério do Ambiente e das Florestas. Os resultados mostraram que o aumento desta percentagem de despesas de capital em relação às despesas totais se deve à entrada de capital do estrangeiro. Houve um acordo, a Convenção do Rio de 1992, sobre a redução do nível de emissões entre os países. Para reduzir as suas emissões, muitos países assinaram um acordo de comércio de carbono com a Etiópia. É por isso que a parte das despesas de capital está a aumentar. O que deve ser notado aqui é que o montante atribuído pelo governo e gasto pelo respetivo responsável é apenas suficiente para cobrir os custos recorrentes de funcionamento do gabinete, que incluem emolumentos pessoais, outros encargos e despesas de aluguer. A maior parte dos projectos ambientais no país são, portanto, financiados/apoiados por doadores. Por outras palavras, o dinheiro que é atribuído pelo governo ao sector do ambiente não é suficiente e só é utilizado para o funcionamento do gabinete, ou seja, emolumentos pessoais, outros encargos e aluguer do gabinete. O grupo de discussão e a entrevista de informadores-chave com as instituições públicas selecionadas também confirmam os resultados. Durante a discussão do grupo de discussão, três indivíduos do Ministério do Ambiente e das Florestas afirmaram que "se não houvesse fundos dos doadores, não teria havido um único projeto ambiental implementado por este ministério".

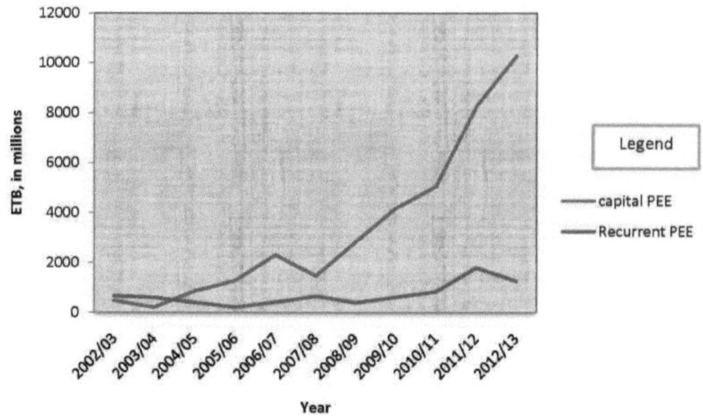

Figura 4.5. Tendências das despesas recorrentes e de capital (ETB, em milhões)

Tabela 4.5: Despesas totais das administrações públicas por classificação económica (ETB em milhões)

Descriptions	2002	2003	2004	2005	2006	2007	2008	2009	2010	2011	2012
Total PEE	1136.47	803.49	1255.07	1488.24	2720.11	2117.31	3242.65	4782.72	5880.550	10036.45	11522.16
Annual growth rate		-29.30	56.20	18.58	82.77	22.16	53.15	47.50	22.96	70.68	14.8
Current PEE	662.41	598.55	397.17	211.92	416.62	654.97	400.66	610.24	826.57	1789.81	1250.84
Annual Growth rate		-9.64	-33.64	-46.64	96.59	57.21	-38.82	52.31	35.45	116.53	-30.11
% share from total PEE	58.29	74.50	31.6	14.2	15.3	30.9	12.35	12.76	14.07	17.83	10.86
Capital PEE	474	204	857	1276	2303	1462	2841	4172	5053.98	8246	10271.32
Annual growth rate		-56.96	320.1	48.90	80.49	-36.52	94.32	46.85	21.14	63.16	24.56
% share from total PEE	41.71	25.39	68.28	85.74	84.67	69.05	87.61	87.23	9.1	82.16	89.14

Fonte: MoFED

4.1.8. REGIÕES DESPESAS PÚBLICAS NO DOMÍNIO DO AMBIENTE

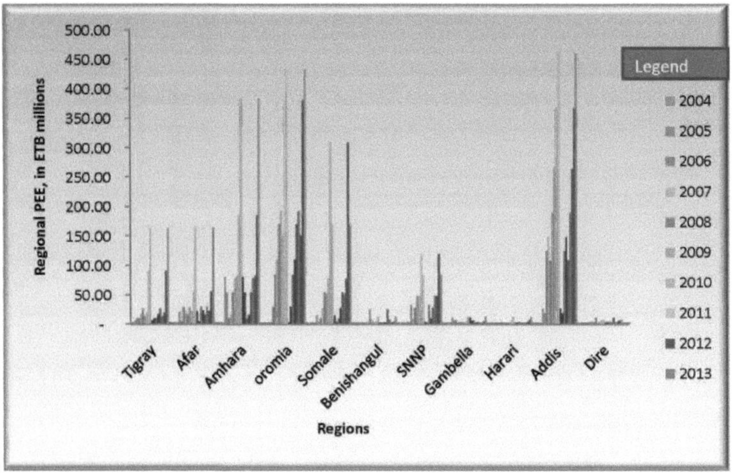

Figura 4.6. Tendências das despesas públicas no domínio do ambiente por cada governo regional.

A figura 4.6. mostra claramente que, em todas as regiões do país, o montante das verbas atribuídas ao sector do ambiente apresenta tendências crescentes no período 2003/004-2012/13. A taxa de aumento pode diferir de região para região. No entanto, esta tese não analisou nem comparou a taxa de aumento entre regiões porque a natureza e a magnitude dos problemas ambientais não são as mesmas.

No entanto, para fornecer informações e algumas sugestões a futuros investigadores e outras partes interessadas no documento, o montante de dinheiro gasto em ETB durante o período de 2002/03-2012/14 em cada região do país é apresentado na figura 4.7

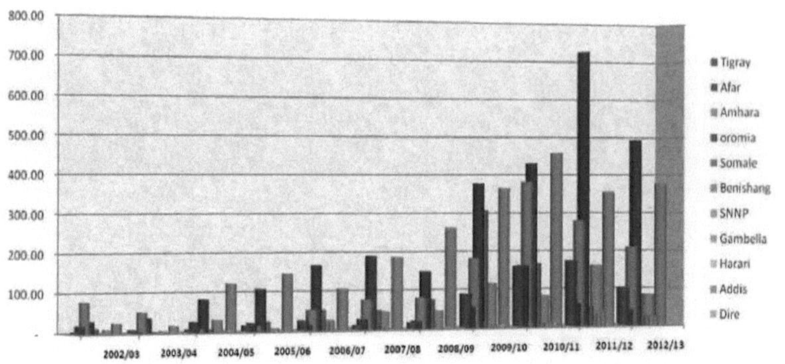

Figura 4.7: Comparações das despesas públicas com o ambiente entre regiões. Fonte: Cálculos próprios utilizando dados do MOFED.

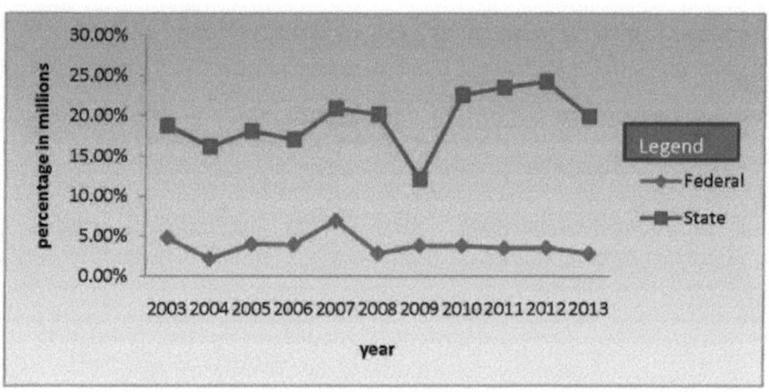

Figura 4.8 Evolução da percentagem relativa das despesas na função ambiental gestão

Cálculos próprios com base em dados do MOFED.

4.1.9. ANÁLISE DAS LACUNAS DE RECURSOS NOS SECTORES AMBIENTAIS, CENTRADA NO NÍVEL WOREDA/DISTRITAL

A discussão nas secções anteriores revelou que a atribuição de recursos e as despesas do governo em matéria de ambiente a nível nacional, setorial e subnacional não têm estado de acordo com as necessidades reais dos sectores. O que o governo tem afetado às despesas ambientais é apenas para cobrir os custos de funcionamento dos gabinetes e, por vezes, até isso é inadequado.

Por exemplo, como mostra a Tabela 4.6, o que o governo atribuiu aos Woredas/Distritos/

ficou muito aquém do que era necessário. Como já foi mencionado, o governo regional afectou a parte do orçamento solicitado tanto ao nível dos gabinetes como dos woreda/distritos. Ao nível dos woreda, o montante gasto foi mesmo superior ao orçamento aprovado/atribuído. Poderá colocar-se a questão "Como é que o montante do orçamento é inferior ao montante das despesas"? De acordo com a discussão no grupo de discussão com o Ministério das Finanças, os peritos do departamento orçamental devem-se ao facto de não comunicarem o montante total das receitas internas. Este montante de dinheiro gasto pode dever-se a estas receitas internas dos distritos respeitados das instituições governamentais.

O investigador recolheu informações através do endereço eletrónicotadesse_kebede@yahoo.com para obter dados credíveis sobre a inadequação do orçamento ambiental ao nível dos woreda. Assim, na região de Amhara, zona de Shewa Norte, woreda de Midda Woremo, sete pessoas forneceram a informação de que o novo quadro institucional, tal como o sector específico do ambiente, tem uma série de actividades nos seus planos estratégicos que não conseguiram executar devido ao subfinanciamento.
No entanto, dadas as limitações em termos de dados e informações, é ainda difícil determinar se as despesas com estes projectos foram suficientemente abrangentes para resolver os problemas ambientais a nível nacional.

Tabela 4.6: Despesas públicas no domínio do ambiente a nível dos serviços e dos Woreda (ETB, em milhões)

Year	BPEB	WPEB	BPEE	WPEE	BPEE as % BPEB	WPEE as % WPEB
2008/09	1251.76	498.08	519.04	528.24	41.47	106.05
2009/10	1727.7	390.47	1491.08	531.31	86.30	136.06
2010/11	4347.176	1254.35	1921.74	682.63	44.21	54.42
2011/12	4100.19	687.38	3170.73	953.14	77.33	138.66
2012/13	7,701.00	761.13	6559.62	992.76	85.18	130.43

Fonte: Cálculos próprios utilizando dados do MOFED.

1.1.10. A AJUDA EXTERNA (TANTO EM TERMOS DE ASSISTÊNCIA COMO DE EMPRÉSTIMOS) EM MATÉRIA DE AMBIENTE.

Não existe um conjunto de dados exaustivo que abranja os pagamentos de ajuda externa para despesas de proteção ambiental na Etiópia. Em geral, a ajuda externa inclui apenas investimentos. De acordo com as estimativas brutas do Ministério das Finanças e do Desenvolvimento Económico, a ajuda externa constituiu a maior parte dos investimentos públicos na proteção do ambiente, no tratamento das águas residuais e na gestão dos resíduos. A percentagem de ajuda externa no programa de investimento estatal em investimentos ambientais variou entre 9 e 53% durante o período 2005/06-2011/12 (com base nos dados orçamentais do único governo estatal do país). De acordo com esta fonte, a ajuda externa aumentou de cerca de 424,05 milhões de ETB em 2005/06 para cerca de 663,08 milhões de ETB em 2011/12 em valor absoluto. Contudo, em termos percentuais, o investimento ambiental estrangeiro no governo estatal do país mostra uma tendência crescente. Era de 53,35 por cento em 2005/06, enquanto era de 9 por cento em 2011/12. Esta tendência decrescente deve-se à Convenção do Rio de 1992. O país está a gerar uma enorme quantidade de receitas devido ao acordo de comércio de carbono após a Convenção do Rio de 1992. Este dinheiro é considerado como receita do país. Na altura do desembolso do orçamento, foi considerado na conta do tesouro. Por este motivo, o montante do orçamento afetado pelo tesouro aumentou. Consequentemente, mesmo em termos de valor absoluto, a percentagem do orçamento ambiental da ajuda externa em relação ao orçamento ambiental total registou uma tendência decrescente. Não foi possível obter dados sobre as despesas com a ajuda externa.

Tabela 4.7: Orçamento total de capital em ETB, em milhões (apenas o governo estatal, no entanto, o orçamento ambiental do governo federal não está incluído)

Year	Treasury (A)	Loan (B)	Assistant (C)	Total or D =(A+B+C)	Aid or (E=B+C)	(% of assistant) or C*100/D	(% of aid) =E*100/D
2005/06	554.8826	102.05	238.84	794.74	424.05	30.05	53.35
2006/07	505.13	118.92	244.21	868.26	363.13	28.13	41.82
2007/08	920.01	118.66	233.50	1272.17	352.16	18.35	27.68
2008/09	2,126.52	172.1	320.23	2618.85	492.33	12.23	18.80
2009/10	1,517.06	86.69	354.7	1958.45	441.39	18.11	22.54
2010/11	2,311.76	236.32	426.76	2974.84	652.77	14.35	22.29
2011/12	6,679.65	239.29	413.48	7332.42	663.08	5.64	8.90

Fonte: Cálculos próprios utilizando dados do MOFED.

4.2. RESULTADO E ANÁLISE ECONOMÉTRICA

Na parte econométrica da análise, em primeiro lugar, o investigador efectuou o teste do Qui-quadrado para verificar a distribuição das variáveis despesas e PIB. Ao utilizar o Med Calc, o investigador efectua automaticamente um teste de Qui-quadrado ou um teste de Kolmogorov-Smirnov para testar o pressuposto de que os dados são normalmente distribuídos; o gráfico do histograma mostra que os dados não são normalmente distribuídos, mas apresentam uma assimetria positiva (inclinação para a direita). O resultado do histograma obriga o investigador a transformar as distribuições /dados/ numa transformação logarítmica.

Tabela 4.8. Resumo estatístico do PIB, das despesas, do logaritmo do PIB e do logaritmo das despesas

Variable |	Obs	Mean	Std. Dev.	Min	Max
Logarizim of GDP| 66931.5	45	23166.71	16557.7	362	
Expenditure | 4751.69	45	614.566	1027.361	.56	
gdp1 | 11.11143	45	9.407326	1.60959	5.891644	
ependl | 8.466255	45	4.911819	2.22281	-.5798185	

Os resultados do Quadro 4.8 mostram que a variável de tendência temporal não é um fator determinante significativo das despesas públicas com o ambiente, ou seja, *β2* não é significativamente diferente de 0 (p = 0,111 > 0,005). Por conseguinte, não há provas de que o crescimento das despesas públicas com o ambiente ao longo do tempo seja independente do crescimento do PIB.

Variável de painel: código das regiões (não equilibrado)

Variável temporal: ano, 2003 a 2011

O comando utilizado para a regressão das despesas dos dados do painel em relação ao PIB dos dados do painel é xtreg *ependl gdpl,fe*

Tabela 4.9. Resultados econométricos do modelo de efeitos fixos

Fixed-effects (within) regression			Number of obs	=	45
Group variable: Regions			Number of groups	=	5
ependl |	Coef.	Std. Err.	t	P>|t|	Decision
gdp1 |	0.6	.3120846	6.86	0.000	Reject Null Hypothesis
year |	.2668121	.0703201	3.79	0.111	Do not reject Null Hypothesis
_cons |	-536.2644	137.3481	-3.90	0.000	
R-square 0.78					

Fonte: Resultados econométricos utilizando dados doMOFED

$Yit = \beta_0 + 0.6\chi it + \varepsilon it$

t= 1, 2, 3,--------- e9 (1=2002/03, 2=2003/04, ------------ etc

i = 1, 2, 3, 4 e 5 (1= soma do PIB do governo federal, Tigray, Afar, Somali etíope, SNNPR, Benishangul gumzu, Gambella e Dire dawa, 2= Amhara, 3= Oromia, 4=Harare, 5= Adis Abeba)

O PIB é um fator determinante muito significativo da despesa pública em ambiente, ou seja, *β* 1 é significativamente diferente de 0 e 1 (p < 0,05). O coeficiente do PIB é superior a 0,6 e é também estatisticamente significativo. Os resultados deste modelo log-log, em que o coeficiente pode ser interpretado como inelasticidade, parecem mostrar que a elasticidade do rendimento da disponibilidade para pagar pelo ambiente é ligeiramente inferior à unidade, ou seja, um aumento de 1% no PIB leva a um aumento médio de 0,6% na despesa pública

despesas ambientais. Por último, o R-quadrado deste modelo é relativamente elevado, com cerca de dois terços da variação das despesas ambientais a serem explicados pelo modelo.

CAPÍTULO 5

5. CONCLUSÕES E IMPLICAÇÕES POLÍTICAS

5.1. CONCLUSÕES

- Embora os recursos ambientais contribuam significativamente para a cobrança de receitas e para o rendimento nacional, os sectores ambientais não dispõem de recursos financeiros suficientes em muitos países. O défice de recursos foi mais acentuado ao nível dos woreda/distritos dos governos regionais do país. Ao nível das regiões woreda, o que os sectores dos recursos ambientais são autorizados a reter não é suficiente para manter uma gestão ambiental sustentável.

- A maior parte dos projectos de gestão ambiental, que abordam os principais problemas ambientais, são apoiados por doadores estrangeiros. O governo é financiado apenas para cobrir as despesas de funcionamento, incluindo salários, subsídios e material de escritório. Em suma, as despesas do sector público local e central no domínio do ambiente são aumentadas por um montante significativo de ajuda externa.

- Os dados sobre as despesas públicas com o ambiente mostram que as despesas públicas com a proteção do ambiente são mais sensíveis aos cortes orçamentais do que as despesas públicas em geral. Tanto a despesa pública federal como a despesa pública estatal em termos de valor absoluto com a proteção do ambiente na Etiópia aumentaram regularmente durante o período analisado no documento. Mais uma vez, as despesas públicas com a proteção do ambiente durante o período de 2002/03-2012/13 foram sensíveis ao nível do PIB. Outra conclusão é que as despesas ambientais do país estão estreitamente relacionadas com as despesas orçamentais totais. Como co-efeito de várias medidas, a Etiópia conseguiu preservar a estabilidade das despesas ambientais.

- O estudo conclui igualmente que, durante os últimos 11 anos, o desempenho do PEE registou uma flutuação rigorosa durante o período 2002/03-2012/13. Este facto pode ser atribuído à flutuação dos pedidos concorrentes de recursos orçamentais de outros sectores materiais. A análise indica igualmente que existe uma proporção considerável de subutilização dos recursos orçamentais no sector do ambiente.

- Os relatórios anuais trienais da Autoridade de Proteção Ambiental da administração da cidade de Adis Abeba revelaram que, devido à ausência de um plano de aquisições, o desempenho médio das despesas públicas no domínio do ambiente diminuiu 20%.

- A análise também conclui que é necessário manter pelo menos o mesmo nível de PEE no futuro.

> Tal como referido no texto principal, o que pode efetivamente ser medido é a elasticidade do rendimento da disposição para pagar ou da despesa. Isto sugere uma elasticidade de 0,6, que é talvez inferior ao nível esperado se o "efeito de procura ambiental" desempenhar um papel significativo na explicação da inclinação descendente da curva de Kuznets ambiental.

5.2. IMPLICAÇÕES POLÍTICAS

1. O Governo deve considerar o aumento da dotação orçamental para os sectores ambientais, especialmente a nível dos woreda em cada região do país. Além disso, é necessário permitir uma gestão eficiente e eficaz, a coordenação, o controlo e a avaliação dos recursos ambientais para alcançar o desenvolvimento sustentável e a redução da pobreza.

2. Tendo em conta o custo dos danos ambientais que poderão ocorrer no futuro, o estudo recomenda que as autoridades responsáveis pelo planeamento e pelo orçamento tomem medidas inovadoras para afetar fundos suficientes aos sectores ambientais, a fim de equilibrar a procura de recursos entre a produção material e a manutenção do ambiente.

3. Uma vez que se trata de um domínio suscetível de ser corrigido no interior do próprio sistema, o estudo recomenda que as autoridades de acompanhamento dos projectos tomem as medidas adequadas para acompanhar continuamente a execução dos projectos e para melhorar a taxa de utilização dos recursos orçamentais colocados à disposição das instituições ou dos projectos.

4. As instituições governamentais devem ter um plano de aprovisionamento inteligente. Para cumprir esta recomendação, a Agência de Administração dos Contratos Públicos e da Propriedade tem de dar formação às instituições governamentais sobre o plano de aquisições.

5. O orçamento afetado não foi totalmente gasto. Por conseguinte, esta baixa taxa de utilização dos recursos estrangeiros é também uma preocupação que requer atenção. A Etiópia encontra-se numa situação privilegiada para atrair cada vez mais recursos estrangeiros para o seu desenvolvimento. O ambiente é um domínio em que as agências doadoras estão mais dispostas a apoiar e a Etiópia encontra-se numa posição vantajosa a este respeito. No entanto, é importante que as autoridades responsáveis pela execução do projeto tomem as medidas necessárias para aumentar a taxa de utilização dos escassos recursos estrangeiros. De facto, uma maior taxa de utilização dos recursos aumentará sem dúvida a taxa de afluxo de ajuda, com a satisfação das agências doadoras relativamente aos impactos positivos da sua assistência.

6. Por conseguinte, o estudo propõe a aplicação de medidas inovadoras e novas como alternativas para aumentar o nível das despesas públicas sem depender de fundos orçamentais diretos.

7. A análise também conclui que é necessário manter pelo menos o mesmo nível de PEE no

futuro. Para tal, é necessário não só planear e implementar novas actividades de projeto por parte das instituições relacionadas com o ambiente, mas também promover outras instituições para que adoptem actividades relacionadas com o ambiente nos seus programas. O estudo também recomenda que o Governo procure estabelecer abordagens inovadoras, como o desenvolvimento de instituições não governamentais. O estabelecimento de tais instituições poderia ajudar a absorver os recursos financeiros disponíveis para actividades ambientais que são subutilizados pelas instituições governamentais. Isto ajudará a manter o nível mais elevado de PEE, apesar de os recursos orçamentais estarem sujeitos a uma redução devido a outras exigências concorrentes. No país, foi necessário criar o fundo ambiental, que será utilizado para actividades de gestão ambiental

Referência

Akroyd, S e Smith, D (2006). Uganda plan for modernization of agriculture public expenditure analysis (Plano do Uganda para a modernização da agricultura: análise da despesa pública). 21 de dezembro. Oxford: Oxford Policy Management com Agri Consult.

Allen Schick [1999]: A ContemporaryApproach to Public ExpenditureManagement Aongolaet, 2007. Environment At The Heart Of Tanzania's Development. IIED, Londres.

Bekele,M. (2001). Theforest revenue system and government expenditure on forestry in Ethiopia. Documento de trabalho da FAO sobre finanças florestais: FSFM/WP/04. julho. Roma: Forestry Policy & Planning Division/Accra: Escritório Regional da FAO para África.

Carlos Eduardo Frickmannyoung (2011). Gastos, investimentos e financiamento para o desenvolvimento sustentável no Brasil. Comissão Económica das Nações Unidas para a América Latina e o Caribe (CEPAL), Santiago.

Collier, P., S. Dercon e J. Mackinnon (2002). Density Versus Quality In Health Care Provision (Densidade versus Qualidade na Prestação de Cuidados de Saúde): Using Household Data To Make Budgetary Choices In Ethiopia. WorldBankEconomic Review 16(3): 425-448.

Concern for Environment (CFE) (2010). Relatório Anual da Concern for Environment. Impresso.

Autoridade Etíope de Proteção Ambiental (EPA). (1997). Política ambiental da Etiópia. Addis Abeba, Etiópia. Web. 21 Nov. 2011.

Departamento Federal de Florestas, Nigéria, 2001, The forest revenue system and government expenditure on forestry in Nigeria, documento de trabalho sobre o financiamento da gestão sustentável das florestas: FSFM7WP/02, Organização das Nações Unidas para a Alimentação e a Agricultura, Roma.

Fórum para o Ambiente (FFE) (2011a). "Revisão do Ambiente da Etiópia". Web. 21 Nov. 2011.

Flores, N. e Carson, R. (1997), 'The Relationship Between The Income Elasticities Of Demand And Willingness To Pay', Journal Of Environmental Economics And Management, Vol. 33, Pp. 287

Gauthier, B., & Reinikka, R. (2007). Abordagens metodológicas para o estudo da prestação institucional e de serviços: uma análise do PETS, QSDS e CRCS. Documento não publicado.

Govereh, J., E. Malawo, T. Lungu, T. Jayne, K. Chinyama & P. Chilonda. (2009). Tendências e distribuição espacial da despesa pública agrícola na Zâmbia: implicações para o crescimento da produtividade agrícola. Documento de trabalho n.º 36. fevereiro. Lusaka: Projeto de Investigação sobre Segurança Alimentar.

Garrod, G. e Willis, K. (1999), Economic Valuation Of The Environment: Methods And Case

Studies, Cheltenham: Edward Elgar.

Hamburgisch.es Welt-Wirtschafts-Archiv (HWWA) (2003). International Competition And Environmental Expenditures: Empirical Evidence From Indonesian Manufacturing Plants. Instituto de Economia Internacional de Hamburgo, ISSN 16164814

Hanemann, M. (1991), "Wlliin&iess To Pay And Willingness To Accept: How Much Can They Differ?", American Economic Review, Vol. 81, Pp. 635-47.

Kristrom, B. e Riera, P. (1996), "Is The Income Elasticity Of Environmental Improvements Less Than One?", Environmental And Resource Economics, Vol. 7, Pp. 45-55.

Dicionário Macmillian (2003)

Maria Cimoer (2012). Um estudo empírico sobre indicadores-chave de qualidade ambiental: Green Budgeting - A Catalysts For Sustainable Economy And A Fator For Institutional Change. Academia de Estudos Económicos, Bucareste, Roménia.

Ministério das Finanças (2009). Análise das despesas públicas ambientais do Governo Real do Butão para o 9.ºplano quinquenal.

Ministério das Finanças e do Desenvolvimento Económico (MoFED) (2006). Etiópia: Building on Progress - A Plan for Accelerated and Sustained Development to End Poverty (PASDEP) (2005/6-2009/10). Addis Abeba.

Ministério das Finanças e do Desenvolvimento Económico (MOFED) (2002). Ethiopia: Programa de Desenvolvimento Sustentável e de Redução da Pobreza. Addis Abeba.

Picazo, O., & S. Kagulura (2007). The state of human resources for health in Zambia: findings from the Public Expenditure Tracking and Quality of Service Delivery Survey (PET/QSDS), 2005/06. Documento apresentado na Conferência de Investigação sobre Recursos Humanos para a Saúde, 7-8 de junho, Lusaka, Zâmbia.

ODI (2006). "Addressing Environmental Objectives In The Context Of Budget Support". Overseas Development Institute, Londres.

OCDE (1996). Pollution Control Expenditure In OECD Countries (Despesas de controlo da poluição nos países da OCDE): Statistical Compendium, Paris: Organização para a Cooperação e Desenvolvimento Económico.

OCDE (1997). Relatório integrado sobre o financiamento do ambiente. Preparado para a Terceira Conferência Ministerial "Ambiente para a Europa" em Sófia, Bulgária (Paris: Organização para a Cooperação e Desenvolvimento Económico e Comité de Preparação de Projectos).

OECD/DAC (2006). Harmonizing Donor Practice For Effective Aid Delivery: Volume 2; Budget Support, Setor-Wide Approaches And Capacity Development In Public FinancialManagement.

Oxford Policy Management. (2010). Estudo do fluxo de fundos, resultados e responsabilização do financiamento dos serviços de saúde nacionais e internacionais, RDC. Projeto de Relatório Inicial. fevereiro. Oxford.

Paternostro T, Schatzki T, Limvorapitak Q (2005). Differential industry response to formal and informal environmental regulations in newly industrializing economies: The case of Thailand Mimeo Harvard Institute for International Development

Peszko. G.(2000): Environmental Financing In NIS: Integrating Public Nvironmental Expenditure Management And Public Finance In Transition Economies. Paper presented at the Second Work Shop On Economic Instruments In The NIS, Fourth Meeting Of NIS Environment Financing Network, In Tashkent, Uzbekistan, Paris.

Randall, A. e Stoll, J. (1980), 'Consumer's Surplus In Commodity Space', AmericanEconomic Review, Vol. 70, Pp. 949-1024

Roseboom, J. (2002). Underinvestment In Agricultural R&D Revisited. Quarterly Journal Of International Agriculture 41(4): 297-316

Reed, D. (1996). Structural Adjustment, The Environment, And Sustainable Development, Ea Rthscan, Londres.

Schiavo-Campo, S. e Tommasi, D. (1997), Managing Government Expenditure, Banco Asiático de Desenvolvimento, Manila. Schulze

Tewodaj Moges, Gezahegn Ayele e Zelekawork Paulos ((2007). The Bang For The Birr: Public Expenditures And Rural Welfare In Ethiopia (Despesas públicas e bem-estar rural na Etiópia)

ONU (1993b), System ofNationalAccounts, Nova Iorque.

Vincent, J. (2002), "Pollution And Economic Development In Natural Resources, Environmen And Development", em Malaysia: A Economic Perspective, de Jeffrey Vincent, Rozali Bin Mohamed Ali e Associados.

Banco Mundial (1999). Public Expenditure Management Handbook, Washington D.C.

WorldBank(2003f Greening industry, Oxford UniversityPress.

YOUNG, C. E. F., RONCiSVALLE, C. A. (2011). Gastos, investimentos e financiamento para o desenvolvimento sustentável no Brasil. Comissão Económica das Nações Unidas para a América Latina e o Caribe (CEPAL), Santiago, 2002.

Bekele (2008) "Ethiopia's Environmental Policies, Strategiesand Programs". Digest of Ethiopia's National Policies, Strategies & Programs (Resumo das políticas, estratégias e programas nacionais da Etiópia). Addis Abeba: Fórum de Estudos Sociais (FSS).

KeeleyJames, & Scoones, Ian (2003). "Knowledge, Power and Politics in Ethiopia. " Understanding Environmental Policy Processes: Cases from Africa.

Damtie, Mellese (2011). "Questões legais e institucionais para o ambiente na Etiópia em 2008". Em Forum for Environment Ethiopian Environment Review. Addis Abeba: Fórum para o Ambiente.

Ruffeis, Dominik, Loiskandl, Willibard, Awulachew, Seleshi Bekele, Boelee, Eline (2010): "Avaliação da política ambiental e do processo de avaliação do impacto na Etiópia". Avaliação de impacto e apreciação de projectos

ZYLICZ, Tomasz (1992), Debt-For-Environment Swaps: The Institutional Dimension, Beijer Discussion Paper, Beijer International Institute of Ecological Economics, Estocolmo.

Anexo 1. Dados sobre as despesas públicas no domínio do ambiente

Anexo

year	Tigray	Afar	Amhara	Oromia	Somale	Benishangul	SNNP	Gambella	Harari	Addis	Dire
2003	13.95	27.49	97.07	110.2	29.67	6.33	6.5	15.78	0.9	26.08	5.83
2004	19.25	7.34	73.96	41.42	7.67	14.68	107.98	8.55	2.72	80.38	3.93
2005	18.84	31.88	18.69	121.69	17.46	4.98	35.59	8.52	3.61	184.18	6.74
2006	38.02	28.04	50.38	134.59	35.24	17.55	14.64	5.66	0.56	184.31	1.75
2007	55.04	13.48	93.6	217.57	45.61	24.45	20.09	7.32	4.21	273.11	12.6
2008	30.44	42.63	148.69	322.77	82.08	12.18	70.89	6.11	2.77	457.72	11.03
2009	18.22	371.04	1007.86	201.43	98.99	7.22	83.36	25.89	11.18	278.41	10.04
2010	99.51	461.42	2075.91	433.93	338.79	9.89	161.24	52.91	19.75	373.58	21.96
2011	164.14	768.21	1241.02	503.63	186.62	27.2	154.78	144.56	42.5	464.09	30.08
2012	594.39	1110.86	2629.67	568.27	946.48	54.42	524.91	118.6	29.64	560.63	89.23
2013	725.03	2094.26	3508.33	1037.61	1703.86	71.48	499.65	198.1	33.84	906.57	103.21

Anexo 2. Dados sobre o PIB e o ambiente público

Year	GDP	Total PE	PEE
2002/03	71,690.9	18,424.65	1136.471
2003/04	81,421.1	22,528.85	803.49
2004/05	91,044.1	22,628.56	1255.074
2005/06	100,908.4	27,752.63	1488.24
2006/07	112,468.5	31,809.32	2720.11
2007/08	124,602.2	38,478.70	2117.31
2008/09	135,570.3	66294.7	3242.65
2009/10	152,585.1	81552.4	4782.72
2010/11	169,641.5	105015.4	5880.55

Anexo 3. Dados utilizados na parte econométrica da análise

Em que 1= A combinação do governo federal e algumas das regiões 2= Amhara 3= Oromia 4= Adis Abeba 5= Harare

Year	Code of Region	GDP	Expenditure	Log Expenditure	Log GDP
2003	1	24,773.90	902.24	10.11755	6.804881
2004	1	29,278.10	605.01	10.2846	6.405245
2005	1	32,647.10	926.9	10.39351	6.831846
2006	1	37,228.40	1118.4	10.52483	7.019654
2007	1	42,158.50	2131.62	10.64919	7.664638
2008	1	47,100.20	1185.36	10.76003	7.077802
2009	1	51,293.30	2823.76	10.84532	7.945825
2010	1	60,107.10	3906.02	11.00388	8.270274
2011	1	66,931.50	4751.69	11.11142	8.466256
2003	2	16,523.45	97.07	9.712536	4.575432
2004	2	17,843.90	73.96	9.789417	4.303524
2005	2	19,269.90	18.69	9.8663	2.927989
2006	2	20,809.83	50.38	9.943181	3.919594
2007	2	22994.83	93.6	10.04302	4.53903
2008	2	25634.99	148.69	10.15171	5.001864
2009	2	27256.97	1007.86	10.21306	6.915585
2010	2	29,700.93	2075.91	10.29893	7.638155
2011	2	33447.3	1241.02	10.41773	7.123689
2003	3	20,000	110.2	9.903488	4.702297
2004	3	22,900	41.42	10.03889	3.723764
2005	3	26,400	121.69	10.18112	4.801477
2006	3	28,700	134.59	10.26465	4.902233
2007	3	31,500	217.57	10.35774	5.382521
2008	3	34,400	322.77	10.44581	5.77694
2009	3	37,800	201.43	10.54006	5.305442
2010	3	41536.05	433.93	10.63432	6.072883
2011	3	45641.35	503.63	10.72857	6.221842
2003	4	10,031.43	26.08	9.213478	3.261169

2004	4	11,023.55	80.38	9.307789	4.386765
2005	4	12,302.08	184.18	9.417524	5.215914
2006	4	13,728.90	184.31	9.527258	5.216619
2007	4	15,321.20	273.11	9.636993	5.609875
2008	4	16,913.50	457.72	9.735867	6.126258
2009	4	18,600.50	278.41	9.830944	5.629095
2010	4	20,613.00	373.58	9.933677	5.923132
2011	4	22,843.24	464.09	10.03641	6.140078
2003	5	362	0.9	5.891644	-0.10536
2004	5	376	2.72	5.929589	1.000632
2005	5	425	3.61	6.052089	1.283708
2006	5	441	0.56	6.089045	-0.57982
2007	5	494	4.21	6.202536	1.437463
2008	5	553.36	2.77	6.316009	1.018847
2009	5	619.87	11.18	6.42951	2.414126
2010	5	627.87	19.75	6.442333	2.983153
2011	5	3,347.86	42.5	8.116076	3.749504

Anexo 4. Perguntas-chave e listas de controlo para os informadores-chave e para os grupos de discussão

O meu nome é Tadesse kebede. Sou estudante de mestrado no centro de ambiente e desenvolvimento da faculdade de estudos de desenvolvimento da Universidade de Adis Abeba. Atualmente, estou a escrever a minha tese de mestrado com o título "Tendências da despesa pública ambiental e o seu impacto em alguns resultados ambientais selecionados"

Solicito a vossa colaboração, preenchendo as seguintes perguntas em nome da vossa organização.

NB: É permitido preencher as perguntas em grupo.

1. Nome do respondente (facultativo, se estiver interessado) -

2. Nome do organismo público

3. Ano de criação do organismo público

4. Existe alguma das seguintes situações no seu sector/departamento/ministério?

a. Programas/estratégias relacionados com o ambiente?

SIM ______

NÃO______

b. Em caso afirmativo, especificar: por exemplo, que departamento/secção é responsável pelas questões ambientais

....

c. Se a resposta à pergunta número 4 for afirmativa, quantos trabalhadores tem o serviço?

d. Na medida do possível, tente enumerar o nível de habilitações e a experiência de cada trabalhador?

Education level	Number of workers	Experience	Number of workers
0-12		Below 1 years	
Vocational Training		1-3	
Diploma		3-6	
First Degree		6-9	
Master Degree		Above 9	

5. Orientações para o planeamento orçamental?

   SIM ______

   NÃO______

   Em caso afirmativo, especificar:

6. Qual foi o montante do orçamento atribuído e gasto em questões relacionadas com o ambiente no seu sector/departamento/ministério nos anos 2000/01 e 2001/12?

Year	2000	2001	2002	2003	2004	2005	2006	2007	2008	2009	2010	2011	2012	2013
Environmental E.g. air pollution matters														

dget ocated														
nount spent														
pital budget														
current dget														

Se possível, preencha o quadro abaixo:

7. Quanto orçamento foi atribuído ao seu sector/departamento/ministério para os anos 2000 e 2012? Quanto é que o seu sector/departamento solicitou para a gestão ambiental em 2000/2012.

Year	20 00	20 01	20 02	20 03	20 04	20 05	20 06	20 07	20 08	20 09	20 10	20 11	20 12	20 13
environme nt and/or natural resource manageme nt expenditur e														

8. Quanto gastou o seu sector/departamento/ministério no exercício de 2000/01 e no exercício de 2011/12?

   Quanto foi afetado ao ambiente e/ou à gestão dos recursos naturais (por exemplo, formação), controlo da poluição, proteção das florestas, luta contra a caça furtiva, plantação de árvores, etc.) para o exercício de 2000/01

Year	20 00	20 01	20 02	20 03	20 04	20 05	20 06	20 07	20 08	20 09	20 10	20 11	20 12	20 13
environment and/or natural resource management spent														

e FY

2011/12?

9. Quanto é que foi gasto com o ambiente e/ou a gestão dos recursos naturais no ano fiscal de 2000 e

ANO FISCAL DE 2012?

Year	20 00	20 01	20 02	20 03	20 04	20 05	20 06	20 07	20 08	20 09	20 10	20 11	20 12	20 13
environment and/or natural resource management expenditure														

10. Considera que o orçamento afetado ao ambiente e/ou à gestão dos recursos naturais é adequado?

SIM _______

NÃO_______

H.Em caso negativo, explique porquê e qual o montante que, na sua opinião, deveria ser atribuído?

12. Receitas:

(a) Qual foi o montante das receitas cobradas pela Administração Central e Local durante o AF 2001/02 e o AF 2012/13 a partir dos seguintes recursos ambientais? Preencher o quadro abaixo: Especificar a fonte de receitas (por exemplo, impostos, taxas, royalties, etc.)

RECURSOS AMBIENTAIS 2001/02 2002/03

Year	20 00	20 01	20 02	20 03	20 04	20 05	20 06	20 07	20 08	20 09	20 10	20 11	20 12	20 13
Mineral resource														
Fisheries resource														
Forestry resource														

Wildlife resource														
Tourist resource, etc.														

13 Quanto é que a Administração Central e Local perdeu por não ter efectuado uma intervenção ambiental (por exemplo, através da subfacturação de impostos sobre produtos de madeira, caça de animais selvagens, royalties mineiros, etc.).

14 Quanto é que a Administração Central e Local ganhou com a intervenção ambiental?

15 . Quanto é que o governo (Ministério do Ambiente e das Florestas) gasta anualmente no reforço das capacidades de gestão ambiental (por exemplo, desenvolvimento dos recursos humanos, formação, etc.)? Quais são, na sua opinião, os requisitos para o reforço das capacidades no domínio do ambiente?

16 Na sua opinião, que elementos devem ser incluídos no programa de reforço das capacidades para que haja uma utilização sustentável/contínua das despesas públicas ambientais?

17 . Quais são os acordos ambientais multilaterais/bilaterais existentes que estão a ser aplicados a nível nacional?

Year	20 00	20 01	20 02	20 03	20 04	20 05	20 06	20 07	20 08	20 09	20 10	20 11	20 12	20 13
environment and/or natural resource management expenditure														

18. Qual o montante/quantidade de ajuda externa recebida das agências doadoras para a

implementação desses acordos?

10. O quadro institucional existente (físico, jurídico, etc.) para a gestão/monitorização ambiental é adequado e eficaz?

Sim -----------------

NO ----------------------------

11. Indique as prioridades ambientais da sua organização

12. Categorias de despesas de proteção ambiental
Salários---
Custos de manutenção e funcionamento---

outros---

13. A sua organização foi objeto de auditoria?---
-

14. Os relatórios de auditoria são publicados?---

15. Em caso afirmativo, por que meios
Sítio Web ----------------------------------
Jornal de notícias -----------------------------
Meios de comunicação como a rádio, a televisão -------

Declaração

Eu, abaixo assinado, declaro que a tese é o meu trabalho original, não foi apresentada para obtenção de um diploma em nenhuma universidade e que todas as fontes de materiais utilizados para a tese foram devidamente reconhecidas.

Declarado por: Confirmado por:

Candidato Conselheiro

MIX
Papier aus verantwortungsvollen Quellen
Paper from responsible sources
FSC® C105338

Printed by Books on Demand GmbH, Norderstedt / Germany